慧美语文

学段衔接读写共生之美

周晓平 ◎ 著

西安出版社

图书在版编目（CIP）数据

慧美语文：学段衔接读写共生之美 / 周晓平著. —
西安：西安出版社，2023.11
ISBN 978-7-5541-7181-3
Ⅰ. ①慧… Ⅱ. ①周… Ⅲ. ①小学语文课—教学研究
Ⅳ. ①G623.202
中国国家版本馆CIP数据核字（2023）第206128号

慧美语文：学段衔接读写共生之美
HUIMEI YUWEN XUEDUAN XIANJIE DUIXIE GONGSHENG ZHIMEI

出版发行：西安出版社
社　　址：西安市曲江新区雁南五路 1868 号影视演艺大厦 11 层
电　　话：（029）85264440
邮政编码：710061
印　　刷：北京政采印刷服务有限公司
开　　本：787mm × 1092mm　1 / 16
印　　张：13.25
字　　数：210千字
版　　次：2023 年 11 月第 1 版
印　　次：2024 年 1 月第 1 次印刷
书　　号：ISBN 978-7-5541-7181-3
定　　价：58.00 元

前言

在茫茫的文字海洋中，语文是我破浪前行的航船，而《慧美语文——学段衔接读写共生之美》则是指引我驶向智慧之岸的明灯。它不仅承载着古往今来的文化智慧，更融合了核心素养的培养与当代教育的创新。这本专著汇聚了有核、有序、有新、有方、有趣、有用的教学理念，以及整合之美、细节之美、思辨之美、衔接之美和成长之美的实践探索，呈现了一幅引人入胜的语文教育画卷。

有核，是《慧美语文——学段衔接读写共生之美》的第一道光芒。核是语文教育的魂，是学生思维的源泉。我将核定义为深厚的学科知识和思维能力的培养。在这本专著中，我注重知识的精细化呈现，结合学生的认知特点，合理组织教学内容，让知识在学生的大脑中扎根发芽，成为他们的永久财富。

有序，是《慧美语文——学段衔接读写共生之美》的第二道风景。有序是教学过程的调和器，是学习步骤的指引。我注重教学的系统性和层次性，让学生在有序的教学环境中获得稳定而高效的学习成果。我将学习过程分解为一系列明确的步骤，并通过示范、讲解、实践和巩固等环节，让学生在有序的引导下逐步成长。

有新，是《慧美语文——学段衔接读写共生之美》的第三道光芒。有新是教育创新的源泉，是培养创新意识和创新能力的关键。我注重引入前沿的教育理念和科技手段，结合学生的兴趣和需求，创造出新颖而富有创意的教学模式。我鼓励学生开展探究性学习、合作性学习和实践性学习，让他们在创新的氛围中释放想象力和创造力，培养出具有创新精神的未来人才。

有方，是《慧美语文——学段衔接读写共生之美》的第四道风姿。有方是课程设计的指南针，是教学活动的设计原则。我注重培养学生的学习策略和思维方法，让他们具备自主学习和解决问题的能力。我通过探究式的教学活动、开放性的问题设计和多元化的学习任务，让学生在灵活而自由的环境中发展自己的思维。

有趣，是《慧美语文——学段衔接读写共生之美》的第五道亮丽景色。有趣是激发学生学习兴趣和主动性的火花，是激发学习潜能的催化剂。我注重创设富有趣味性的学习环境，运用游戏化教学、情境教学和多媒体技术，使学习过程充满趣味和活力。通过引人入胜的教学内容和活动，我将学生的学习变成一场精彩的趣味之旅。

有用，是《慧美语文——学段衔接读写共生之美》的第六道灿烂亮点。有用是教育的终极目标，是培养学生终身学习能力和实践能力的关键。我注重将学习与现实生活紧密结合，培养学生的实践能力和创造力，让他们能够将所学知识运用到实际问题中，并为社会做出积极的贡献。

整合之美、细节之美、思辨之美、衔接之美和成长之美是《慧美语文——学段衔接读写共生之美》所倡导的教育理念。整合之美是将各种教育资源和教学方法融会贯通，形成有机的教育体系；细节之美是注重教学过程中每个细微环节的精雕细琢，让教学更加精准和有效；思辨之美是培养学生批判性思维和创造性思维，让他们成为有独立思考能力的思维者；衔接之美是指将五至九年级各学段的教学目标序列化，设置学段衔接，提高课堂效率，提升学生的语文核心素养；成长之美是关注学生的个体差异和全面发展，让每个学生都能在学习中不断成长和进步，同时教师也在教学中不断提高教学水平，使教学艺术精湛与教学智慧精进。

《慧美语文——学段衔接读写共生之美》是一本致力于培养学生综合素质和语文能力的专著。我相信，通过有核、有序、有新、有方、有趣、有用的教学理念，以及整合之美、细节之美、思辨之美、衔接之美和成长之美的实践探索，使学生在语文学习的海洋中航行自如，收获智慧的宝藏。愿《慧美语文——学段衔接读写共生之美》一书能为广大教师和学生提供一份借鉴，带来一份思考。

目 录

绪 论

慧美语文的内涵

慧即慧，我认为上面的两个“丰”字分别代表国事和天下事，中间的“彐”字代表家事。从字形上看，家事、国事、天下事都放在心上，称之为慧。慧，本意是聪明，有才智，象征智慧和知识。在语文学习中，我们需要掌握词汇、语法、修辞、逻辑等方面的知识。这些知识是我们语言表达的基础，也是我们思考的基础。通过学习和实践，我们可以提高自己的语言表达能力，使自己的语言更加准确、流畅有力、充满智慧。

美即美，甲骨文像戴着头饰站立的人，本义指漂亮、好看，还形容一个人品德高尚。美，象征美好和优美。语文就是学习语言表达的一门学科，所以十分重视语言艺术修养。通过学习文学、艺术和人文等方面的知识，我们可以拓展自己的视野，提高自己的审美和情感表达能力。在语言表达中，我们可以运用修辞手法和意象表达等方式，使我们的语言更具有感染力和艺术性。

“慧美语文”这个词中的“慧”和“美”是我们一直追求的目标。慧，是智慧和知识的象征，它代表我们追求学习和思考的品质；美，是指美好和优美，它代表我们追求文化和审美的品质。这两个品质的结合，使得我们的语言变得更加生动丰富，更具有表现力和说服力。这正是“慧美语文”的要义。

慧美语文，传承文化。将文化元素融入语文教学当中，通过欣赏、体验文学作品和语言艺术，培养学生的审美情趣和审美能力，提升他们的审美素养，使他们具有欣赏、鉴赏和创造文艺作品的能力；同时引导学生关注文化内涵和美学价值，使他们能够认识、了解、尊重和继承文化，培养他们的人文素养，提升他们的人文关怀能力和文化自信。

慧美语文，构建课程。立足素养，扎根课堂，丰富思想，习得方法，发展思维，体悟生活，提高认识，发展语言。以任务群学习的案例、教学资料、课型等构建学段衔接、学科融合课程，实现国家课程、特色课程、校本课程、实践课程为一体的课程体系。拓宽了语文学习和运用的领域，使师生在不同内容和方法的交叉、渗透和整合中开阔视野，初步获得现代社会所需要的语文实践能力。

慧美语文，丰富生活。语文的学习中，师生用慧眼、慧心拥抱生活，正确、积极、理性地热爱生活。学生在人生中要体验喜怒哀乐、要挨过艰难、要经历苦痛、要面对悲伤、要直面困惑。他们需要对话、分享、倾诉、思索、判断、选择。通过与日月星辰、江河湖海、名家名人、凡人琐事等对话来丰盈内心世界，增长智慧，学会面对生活。

慧美实践，丰润生命。立足生活，强化实践，让学生在丰富的实践活动中丰润思想，彰显个性美，让师生生命呈现丰盈之美。文化内涵和美学价值，将语文教育与人文教育紧密联系起来，在实践中充分体现语文教育的多元化、开放性和发展性。同时，慧美语文教学主张强调语言与文化、思想、情感的统一，将语文教育融入为谁培养人，培养怎样的人，如何培养人等国家教育方针政策的大背景下，以提高学生的综合素养为归依，使他们成为具有创新精神和实践能力的社会主义接班人。

慧美语文，师生同行。学习的过程可以看到师生生命成长的轨迹，看到语文教学专业发展的轨迹。每个学生的成长，都是一首灵动的歌；每个教师的教学成长，都是一条流动的河。对学生而言，看到语文学科知识的完善过程，思维能力、思维品质、思维层级迭代的过程，就是语文素养提升的过程。

“慧美语文”高举“慧慧相生，美美与共”的旗帜，将“慧”与“美”完美结合，展现慧言、慧行、慧思、慧根。师生从生活中寻找智慧与美丽，师生共有“慧心美品、慧言美行、慧情美趣、慧思美意”的人生。于此，慧美语文从学科知识教学向语文实践、语文能力和思维能力、创新能力、实践能力和综合素质的发展转移，实现情感教育、语言教育、人文教育、综合素质教育、多元文化教育、实践教育，让学生核心素养的培养真正落地。

上篇

慧美语文的“六有”课堂

爱因斯坦说："教育，是人们遗忘了所有学校灌输的知识后，仍能留存的东西。"这句话直抵教育的本质。教育即培养学生的核心素养，而核心素养必须依靠学科的教学才能落地生根。学科核心素养需要在课堂中落实，这样看来，核心素养培养离不开课堂。

21世纪的课堂是"以学习为中心"的课堂，课堂教学应指向激活学生的思维，聚焦核心素养。国家督学成尚荣教授指出"教学应该从学生的实情入手构建智慧的课堂，从而把学生培养成智者"。诚如此，课堂不应只向学生传授知识，更应引导学生正确认识生活，体验生活，时时处处显智慧，悄无声息润心泽。语文课堂不仅要注重知识传授，更要培养学生的思维能力、创新意识、实践意识和人文情怀。课堂教学过程中人的因素最重要，这里的"人"既包括教师，也包括学生。不同状态的教师与学生对课堂实效起很大的作用，而教师则起着关键作用。课堂教师应该扮演课堂的组织者，学习的点燃者、唤醒者、激励者，困惑的点拨者，生命的点化者；学生是课堂的实践者，学习的追求者、思考者，问题的解决者，生命的受益者。以往机械、沉闷和程式化，缺乏生气与乐趣，缺乏对智慧的挑战和对好奇心的激发的课堂与新时代的课堂要求格格不入。因此，我们需要用新的课堂观建构新的课堂形态，我认为从学生出发构建新的课堂教学观是新教育背景下的正确课堂观，因为这样的课堂让师生焕发出生命的活力。怎样的课堂形态才能说得上是从学生出发的呢？实践表明"有核""有序""有新""有方""有趣""有用"的课堂就是培养语文核心素养的慧美课堂。

以下是慧美课堂的六个指标。

有核——学科本质

有序——客观规律

有新——教学形式

有方——教学技巧

有趣——教学艺术

有用——教学目的

“六有”既着眼学科本质，又能激发学生学习兴趣，让学生集中注意力，提高学习成效，还能让学生意识到学习的重要性，同时增强学生的自信心，为未来打下坚实的根基。这样的课堂引发教师的思考：课堂上需要教给学生哪些核心知识，核心知识之间该如何组织和呈现；除了教材、教参、教辅的资料，还可以准备不同学段的哪些内容；在互联网时代，教师该如何带领学生收集、整理、提炼与语文学科相关的资料；学习任务的设计是否有实践性情境化的特点；本课还可以与哪些学科进行融合，如何引导学生用所学的知识解决实际问题，还可以采用融入哪些时代元素，等等。

诚然，“六有”课堂应成为新时代的课堂标准。

“有核”的课堂

北京师范大学文学院资深教授，著名语言文字学家王宁认为“语文核心素养是学生在积极主动的语言实践活动中构建起来，并在真实的语言运用情境中表现出来的个体言语经验和言语品质；是学生在语文学习中获得的语言知识与语言能力、思维方法和思维品质，是基于正确的情感、态度和价值观的审美情趣和文化感受能力的综合体现”。由此可见，语文核心素养本质“是语文学科知识与思维”，只有扎根学科核心素养的课堂才能将语文核心素养落到实处。有学科核心素养（下文简称“有核”）是语文学科课堂的第一要义。

“有核”的语文课堂有怎样的特点呢？

一、实现语文学科知识点的“三化”

学术界普遍认为语文学科的知识点包括“字、词、句、篇、语、修、逻、文”这八个方面。“字、词、句”三者是属于语言的微观系统，“篇、语、修”则属于语言中观系统，“逻”和“文”则属于语言宏观系统。篇，即篇章，指一篇完整的文章。语，即语法，属于语文各级别单位组合构造的法式法则系统。修，即修辞，属于使语言具有美感的表达系统。逻，即逻辑，属于各级别语文单位构成要素之间及其各自内部的事理逻辑关系系统。文，即文学与文化，即表现出来的文学特点及内在文化。

课堂教学要将字、词、句微观知识夯实，夯实的方法就是运用点状化教学。点状化教学是一种将知识点进行碎片化、模块化的教学方式，能够帮助学生更好地理解和掌握语文知识。我们可以将知识点进行分类和整理，分解成可以独立讲解的小模块。针对每个小模块，制作相应的点状教学资源，可以是教学PPT、视频、练习题等，确保每个资源都集中、明确地讲解一个具体的知识点；根据每个知识点的特点和学生的学习需求，设计相应的点状教学活动，可以是小组讨论、角色扮演、阅读理解等形式，这些活动应该围绕着单个知识点展开，便于学生理解和掌握。

教师还可以根据学段的要求将整个教学过程分为不同的阶段。每个阶段聚焦于一个或几个相关的知识点，并使用相应的点状教学资源和活动进行教学，逐步引导学生从简单到复杂、由浅入深地掌握语文知识。当学生熟练掌握每个知识点后，进行知识点的整合和综合运用，设计一些综合性的学习任务或项目，要求学生将多个知识点结合起来进行应用和创造。

如教授名词、动词、形容词、数词、量词、代词等词性时，分点讲清每个的定义、词性的分类、词性的语法等；讲解短语类型时讲清并列短语，动宾短语，偏正短语、主谓短语、补充短语大多数情况下由哪些词性充当，如动宾短语由“动词+名词或代词”充当。像这样给学生讲清楚词性、短语类型、句子成分、句式、表达方式、描写方法、描写角度、表达技巧等点状知识，让学生具有完整的“点状化”的学科知识，为后面“点状化”向“线条化”的转化打下坚实的基础。

（一）课堂教学中将“篇、语、修”中观知识线条化贯通

语文学科知识的线条化教学是指将知识按照逻辑关系和学习顺序进行有序组织和呈现的教学方式。可以通过以下方式实现语文学科知识的线条化贯通。

教师首先要研读新课标的要求和教材内容，弄懂教材的章节和单元划分背后的学理，还要对各个知识点的先后关系进行全面地分析和分类，确定各个知识点之间的逻辑关系和学习顺序。然后根据知识结构的分析结果，制订详细的教学计划，将语文知识按照先后顺序进行排列，确保学生能够由简单到复杂、由基础到拓展逐步深入学习，实现线条化贯通。在这基础上还要为每个知识点设计相应的教学步骤，确定每个知识点的引入方式、讲解方式和练习方式，确保教学过程的连贯性和逻辑性。同时还要注重强调不同知识点之间的关联性。为了帮助学生更好地理解知识点的关系和结构，可以提供概念框架和思维导图，将主要知识点和概念进行整理和梳理，以图形化的方式呈现给学生，帮助他们建立知识的整体框架。通过引导学生分析和理解知识点之间的内在联系，帮助他们形成知识网络，提升整体语文素养。如对名词的学习可以采用这样的方式贯通，“名词——主谓短语/并列短语——句子成分（主语/宾语）”；再举个例子，词性的线性贯通学习可以这样设计，“词性——短语——单句——复句——段落——篇章”；再如，比喻的线条化贯通“明喻——博喻——暗喻——借喻——创新比喻——通感”。点状化教学可以帮助学生更好地理解和掌握语文知识，但需要教师精心设计和组织教学过程，确保每个知识点都能够被学生独立理解和运用，同时，教师应鼓励学生主动学习，自觉归纳知识点的本质特点。

（二）网联化教学有助于“逻、文”语言宏观系统的构建。

语文学科知识点的网联化教学是一种通过建立知识点之间的关联和连接，帮助学生形成完整致密的语文知识网络的教学方式。教师首先不仅要仔细分析语文学科的各个知识点之间的关系和联系，还要确定不同知识点之间的逻辑关系、相互依赖的关系以及内在的联系。这可以通过阅读教材、参考资料以及学科研究来进行。其次，教师还要根据知识点之间的关系，设计关联性教学活动。这些活动可以包括知识点的比较与对比、知识点的延伸与拓展、知识点的应用与实践等。通过这些活动，帮助学生理解知识点之间的联系和应用方式。网联化教学还离不开引导学生主动构建知识网络。学生将已学习的知识点与新的知识点进行关联，教师帮助他们建立起完整的语文知识体系。在教学中可以引入跨学科的内容，将语文知识点与其他学科进行整合，例如，将文学作品与历史、哲学、科学等领域相联系，帮助学生更好地理解和运用语文知识。教师可借助技术工具，如互联网、教育应用程序等，加强知识点的网联化教学，学生可以通过在线资源获取更广泛的信息、参与在线讨论和合作，从而拓宽知识点之间的联系。

通过实现语文学科知识点的网联化教学，能够帮助学生建立起完整的语文知识网络，提升他们的语文综合能力和跨学科思维能力。同时，也能够激发学生的学习兴趣和创新意识，培养他们的终身学习能力。如八年级下册十一首古诗词（《诗经》中的《关雎》《蒹葭》《式微》《子衿》，王勃的《送杜少府之任蜀州》，孟浩然的《望洞庭湖赠张丞相》，杜甫的《石壕吏》《茅屋为秋风所破歌》，白居易的《卖炭翁》，苏轼的《卜算子·黄州定惠院寓居作》，陆游的《卜算子·咏梅》）整体教学时，在补充声韵学与音韵学、古诗题材、格律等点状知识的基础上，设计以下课堂学习任务。

任务一：请大声朗读十一首古诗词，完成每首诗词的初读学习任务。

格式如下：________是一首________（题材）的________（文体特征），该诗选用________（声调）________（韵），选取________等意象，营造________的意境（四字短语），抒发了（写出了）________情感（感悟）。

任务二：从十一首挑选四首或四首以上的古诗词以“我发现古诗词里的美”写一篇诗词鉴赏短文。

任务三：向同学推荐以上诗词的作者不同时期的作品。

任务四：读完十一首古诗词后，请写一篇“我教你这样读古诗词”的文章。

“逻”“文”在这些任务中得到体现。将形成古诗词知识“网联化”，帮助学生构建诗歌学科知识树，与散文、小说、戏剧其他文学体裁相勾连，在学科知识之间搭建互通的桥梁，帮助学生进入语文学科核心知识领域。

“点状化”“线性化”“网联化”让语文学科核心素养在课堂上得以落实。“有核”的课堂既有扎实又丰富的学科知识、又能用学科方法与学科思想帮助学生贯通学科知识，构建学科知识框架、帮助学生构建学科方法与学科思想。

二、做好学科思维训练的“三点”

杜威说：“不断改进教学方法唯一的直接的途径，就是把学生置于必须思考、促进思考和考验思考的情境之中。”课堂需要不断唤起学生的思考。

思考的课堂既有利于全面提升思维能力也能快速培养优异的思维品质，更有助于思维晋级。课堂上抓好思维能力点、选准思维品质点、对标思维层级点。这是“有核”课堂的重要标志。

如八年级下册《一滴水经过丽江》教学时，围绕“思维”设计以下问题。

（1）请你用一个短语概括文中的“四方街、水车、小桥”是如何体现建筑美的？

（2）有人认为这篇文章是一篇流水账式的游记，请找出三个理由反驳这一观点。

（3）这篇游记极具诗意，作者通过挑选富有特色的意象传递这份诗意。请你仿照示例，从课文中选4～5个意向，把它改写成诗歌，并出声读一读，感受本文的诗意美。

问题（1）需要圈画出体现街道、水车、小桥特色的“名扬世界的四方街”“明代”“大水车”“水车转轮升高”“扬到高处”“一道又一道”等原词原句，然后锁定原词原句的形容词，再进行整合加工为“悠久闻名”“巨大灵动”“小巧繁多”等并列式短语。“圈定——提炼——整合——加工”就是调动学生思考的过程，这一过程训练了学生的概括能力。

问题（2）则需要区分作者阿来独有的游记写作特色与流水账的区别，培养学生批判性、深刻性的思维品质。“流水账”式的文章呈现的是“无顺序”“无重点”“无主题”，而本文用“一滴水”来看丽江，呈现出时空的有序性，从古代写到现代，从雪山之巅写到平原再到金沙江；或俯视落水潭，或站在桥上看风景，或远看森林、田野、村庄，在纵横捭阖中将所见流泻笔端。本文聚焦宁静优美的自然风光、独具特色的建筑以及和谐恬淡的民俗风情这三个重点，主要抒发作者对丽江美景的赞美及热爱之情，同时含蓄表达作者的文化自信。通过设计需要通过比较分析的问题，训练学生的思维能力。

问题（3）需要学生在分析、综合、评价的基础上进行创造，直指高阶思维。首先挑选富有诗意的语句：“我乘水车转轮缓缓升高，看到了古城，看到了狮子山上苍劲的老柏树，看到了依山而起的重重房屋，看见了顺水而去的蜿蜒老街。”然后选取“水车”“古城”“老柏树”“房屋”“老街”等意象，指导学生运用“保留”“增补”“换位”“想象”等方法重组语句，改写诗歌。改写后的诗歌：“我乘水车转轮/缓缓升到高处/看到心仪的古城/看到狮子山上老柏树劲枝横生/看到重重房屋一阶阶走向山顶/看见老街蜿蜒着水的精灵。”

由此可见，以训练思维能力点、思维品质点、思维层级点为中心的课堂具有培养核心素养的重要作用。

三、找准实现知识衔接的提升点

课堂关注学科知识点的学习，多个知识点形成学科知识树，在学科知识树之间搭建互通的桥梁形成学科网。首先要注重学科知识点的学习，因为这是根基，正所谓“根基不牢，地动山摇”，学科知识点的学习在不同学段要求不同。我们需要厘清知识的梯度，如小学语文知识以识记字词句为主，初中以理解字词句的含义，作用为主，需要从以下几方面找到提升点。

（一）关注教材中所使用的词汇

词性有两类，实词与虚词。实词应简练、精准、生动、富有表现力，给人留下深刻的印象。可以通过生动的形容词、精准的动词、情感色彩浓厚的词语等来寻找实词的美感，通过虚词中的语法关系及蕴含的文脉、语脉、情脉和意脉来体会虚词的美感。小学学段更注重实词的认识、读写及运用，虚词则不做具体要求；初中则引导学生多关注动词、形容词、数词、量词等在文中的意义。初中生具有了初级的逻辑思维，实词和虚词的细致分类也能掌握，教学既要注重认、识、读、写，还要注重理解、辨析、运用。

如部编教材六年级上册第2课《丁香结》中的形容词与动词为文章增色不少，可以将重点放在对这两类词语的积累与初步学习上。可以进行如下的设计。

请从下列语句中找出描写最传神的词语。

1. 有的宅院里探出半树银妆，星星般的小花缀满枝头，从墙上窥着行人，惹得人走过了还要回头望。

2. 月光下白的潇洒，紫的朦胧。还有淡淡的幽雅的甜香，非兰非桂，在夜色中也能让人分辨出，这是丁香。

3. 雪色映进窗来，香气直透毫端。人也似乎轻灵得多，不那么浑浊笨拙了。

4. 许多小花形成一簇，许多簇花开满一树，遮掩着我的窗，照耀着我的文思和梦想。

如《秋天的怀念》课后习题。

品味下列语句，体会加点词蕴含的情感。

可我却一直都不知道，她的病已经到了那步田地。

她出去了，母亲再也没回来。

看着三轮车远去；也绝没有想到那竟是永远的诀别。

比较两个学段词语学习要求，我们可以发现小学大多关注动词、形容词、数词、量词，如“探”“缀”“窥”“惹”“潇洒”“朦胧”“幽雅”“一簇”“一树”等词。这些词语在突出事物特征上起了重要作用，属于形象思维；而初中则不仅要关注实词还要关注虚词的意义与价值，不仅要关注单个的虚词，还要留意同一个虚词在文中多次出现的意义与作用。

如七年级上册第19课《皇帝的新装》中“都”出现了14次，“所有”出现了5次。原句如下。

1. 为了要穿得漂亮，他不惜把所有的钱都花掉。

2. 任何不称职或者愚蠢得无可救药的人，都看不见这衣服。

3. 全城的人都听说这织品有一种多么神奇的力量，所以大家也都渴望借这个机会测验一下：他们的邻居究竟有多么笨，或者有多么傻。

4. 城里所有的人都在谈论着这美丽的布料。

5. 每人都随声附和，每人都有说不出的快乐。

6. 头一天晚上，两个骗子整夜都没有睡，点起十六支以上的蜡烛。

7. “一点儿也不错。”所有的骑士都说。

8. 把他所有的衣服都脱下来了。

9. “上帝，这衣服多么合身啊！裁得多么好看啊！”大家都说，“多么美的花纹！多么美的色彩！这真是一套贵重的衣服！”

10. 那些托后裙的内臣都把手在地上东摸西摸，好像他们正在拾取衣裙似的。

11. 站在街上和窗子里的人都说：“乖乖！皇上的新装真是漂亮！他上衣下面的后裙是多么美丽！这件衣服真合他的身材！”

12. 皇帝所有的衣服从来没有获得过这样的称赞。

13.“他实在没有穿什么衣服啊！”最后所有的老百姓都说。

多个“都”“所有”的运用刻画了虚荣、昏庸的皇帝，暗示了骗子并不高超的骗术，也刻画了为护住“官位”撒谎的官员，还不忘讽刺人云亦云、没有主见的从众心理的百姓。无需议论抒情就将群丑面貌刻画得淋漓尽致，讽刺了整个社会。这些副词的连用不仅让我们看出作家使用的语言和表达的方式的风格，还对作品的音韵美、形象美和语言节奏等语脉元素有着重要的作用，还让读者在情感表达、情感共鸣和情感传递中感受情脉，更在细微处体现思想和主题及社会价值意脉的作用。这样的做法还有不少。如八年级下册第1课《社戏》中我渴望看戏的七个“都”与七个“便”和四个“然而”和一个“却”展现语脉、情脉、意脉。从这里可以看出，词语的学习是从有具体实际意义向抽象意义过渡，从形象思维向抽象思维。因此，我们在教学中也要遵循这样的规律。

（二）留意教材中所使用的语言形式进阶

多样、富有变化、流畅的句子精准表达作者的思想和情感。可以通过寻找交替的长短句、双重否定句或结构简明、独具匠心的修饰词等来判断句子的美感。独立成段的关键句，倒装句都是需要关注的重点。小学主要关注句子的主干，句子的表达方式，以及比喻、拟人、排比等修辞手法。这与小学生形象思维优于抽象思维相一致，课后的习题很好地印证了这一观点。

如五年级下册第10课的课后习题。

从课文中找出描写毛主席动作、语言、神态的语句，体会他的内心世界，再有感情地朗读课文。

如六年级上册第4课的词句段运用。

我是亲友之间交往的礼品，我是婚礼的冠冕，我是生者赠予死者最后的祭献。

漓江的水真静啊，静得让你感觉不到它在流动；漓江的水真清啊，清得可以看见江底的沙石；漓江的水真绿啊，绿得仿佛那是一块无瑕的翡翠。

这样的练习小学还有很多，主要聚焦基本的表达方式和常见的修辞手法。以上面第2句比喻句为例，小学主要以一个本体一个喻体的简单比喻句为主，描写对象的特征比较少；而初中阶段则需要聚焦修辞的多样性和复杂性，如八下《安塞腰鼓》中比喻修辞手法的灵活多变，明喻、暗喻、博喻都有出现。如“他们朴实得就像那片高粱”“山崖蓦然变成牛皮鼓面了，只听见隆隆，隆隆，隆隆”还有将喻体前置的变式比喻——“骤雨一样，是急促的鼓点；旋风一样，是飞扬的流苏；乱蛙一样，是蹦跳的脚步；火花一样，是闪射的瞳仁；斗虎一样，是强健的风姿”，学生需要关注修辞中的变式美。

《安塞腰鼓》中的排比句同样具有让人深思的地方。

排比句有词语排比、短语排比、句子排比、段落排比，这些类型在《安塞腰鼓》中得到充分体现，教师可以进行一次排比知识复盘。如“愈捶愈烈！痛苦和欢乐，生活和梦幻，摆脱和追求，都在这舞姿和鼓点中，交织！旋转！凝聚！奔突！辐射！翻飞！升华！”一句中反义词语构成的短语排比，让腰鼓的力量得到淋漓尽致的表现。“每一个舞姿都充满了力量。每一个舞姿都呼呼作响。每一个舞姿都是光与影的匆匆变幻。每一个舞姿都使人战栗在浓烈的艺术享受中，使人叹为观止”，句子的排让我们感受舞姿的变幻无穷的艺术美。文中还有许多段落的排比，如以下段落：

使人想起：落日照大旗，马鸣风萧萧！

使人想起：千里的雷声万里的闪！

使人想起：晦暗了又明晰、明晰了又晦暗、尔后最终永远明晰了的大彻大悟！

这三段独立成段，让我们既能感受排比语势上的磅礴，也能感受腰鼓作为地域文化的粗犷魅力。不仅从教材中习得语言，我们可以整合课内外的内容。进行深入学习，从表达方式上深刻体会。排比在表情达意上的作用。理解复盘如下：

1. 叙述式排比，清晰深刻

如李汉荣的《转身》：“一转身，车窗外的河流已经不知去向；一转身，门前的那只鸟已不见踪影；一转身，天上的那座虹桥已经悄然消失；一转身，水里的鱼已经没入深渊；一转身，父亲已经走远，新垒的坟上，墓草青青……”

2. 描写式排比细腻生动，突出对象特征

如季羡林的《黄昏》：“漫过了大平原，大草原，留下了一层阴影；漫过了大森林，留下了一片阴郁的黑暗，漫过了小溪，把深灰色的暮色融入淙淙的水声里，水面在恬静里透着微明；漫过了山顶，留给它们星的光和月的光；漫过了小村，留下了苍茫的暮烟……给每个墙角扯下了一片，给每个蜘蛛网网住了一把。以后，又漫过了寂寞的沙漠，来到我们的国土里。”

3. 议论式排比，观点鲜明深刻

如毕淑敏的《精神的三间小屋》：“我们把自己的头脑，变成他人思想汽车驰骋的高速公路，却不给自己的思维，留下一条细细的羊肠小道。我们把自己的头脑，变成搜罗最新信息网络八面来风的集装箱，却不给自己的发现，留下一个小小的储藏盒。我们说出的话，无论声音多么嘹亮，都是别的喉咙嘟囔过的。我们发表的意见，无论多么周全，都是别的手指圈画过的。我们把世界万物保管得好好，偏偏弄丢了开启自己的钥匙。在自己独居的房屋里，找不到自己曾经生存的证据。”

4. 抒情式排比，情感真挚酣畅

如光未然的《黄河颂》：“你一泻万丈，浩浩荡荡，向南北两岸伸出千万条铁的臂膀。我们民族的伟大精神，将要在你的哺育下发扬滋长！我们祖国的英雄儿女，将要学习你的榜样，像你一样的伟大坚强！像你一样的伟大坚强！”强烈地表达了对祖国的热爱之情。

（三）重视教材中篇章结构的组织方式

是否紧凑有序、层次清晰、前后呼应，能否让读者易于理解，是判断篇

章结构是否有美感的标准。以《阿长与〈山海经〉》《驿路梨花》为例，可以将“先抑后扬”和“悬念”这两个学科知识点清晰地呈现出来。用结构化的图示。

她生得黄胖而矮（1抑）

我实在不大佩服她。最讨厌的是常喜欢切切察察。（2抑）

又不许我走动，拔一株草，翻一块石头，就说我顽皮，要告诉我们的母亲去了。（3抑）

睡觉时她又伸开两脚两手，在床中间摆成一个“大”字，挤得我没有余地翻身。（4抑）

懂得许多规矩：这些规矩，也大概是我所不耐烦的。（5抑）

“长毛”的故事（6抑）

踩死我的隐鼠（7抑）

渴慕着绘图的《山海经》（蓄势1）

他的太太却正相反，……还要愤愤地咒骂道：死尸。（蓄势2）

我很愿意看看这样的图画，但不好意思力逼他去寻找，他是很疏懒的。（蓄势3）

问别人呢，谁也不肯真实地回答我。（蓄势4）

压岁钱还有几百文，买吧，又没有好机会。（蓄势5）

玩的时候倒没有什么的，但一坐下，我就记得绘图的《山海经》。（蓄势6）

图 1 《阿长与〈山海经〉》先抑后扬结构图示

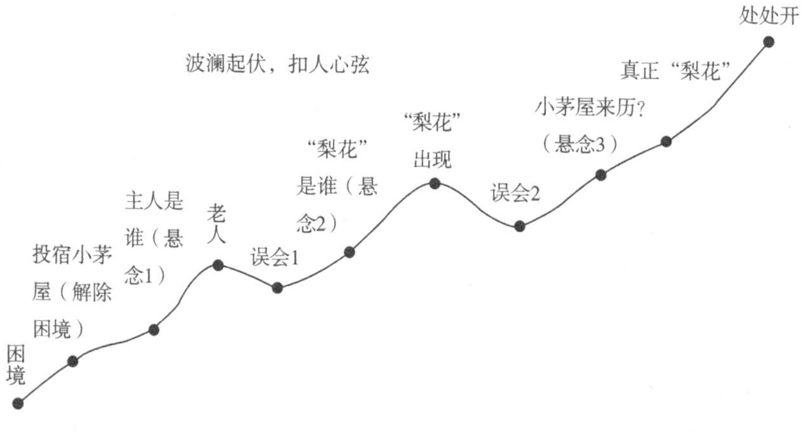

图 2 《驿路梨花》悬念结构图示

（四）留心教材中的文化意蕴

教材是文化的载体，教材中一个个具体的物象。往往具有深刻、鲜明的特点。这在初中的教材中表现得尤其突出。比如《长城》中长城凝聚了中华民族自强不息的奋斗精神和矢志不渝爱国情怀的长城，已经成为中华民族的代表性符号和中华文明的重要象征；又如《关雎》中"君子"则成为后代儒雅男子的代称。而"淑女"则是文静、美好、勤劳女子的代名词，"琴瑟和鸣"是"琴瑟友之"意味夫妻恩爱；《子衿》中的"子衿"，最初专指"男子"在今日是"心上人"的意思。

1. 关注教材中的文学形象

如何留心教材中的文化意蕴呢，教学中可以从以下方面入手不仅要关注形象，还要关注文学形象，文学创依的最高境界就是创造的形象成为超越地域、文化、时代局限的文化符号。如"丑小鸭"代表出身低微却经过自己不懈努力，终于改变命运的人。

2. 从教材中挖掘出文化元素

教材是民族文化的载体，民族文化，是中华文明的根本创造力，是民族历史上的道德品质、各种文化思想、精神观念形态的总和。传统文化思想深邃圆融，内容广博。课堂中需将文化内涵的独特之处讲好，让文化内涵濡养学生生命。我们可以通过项目式学习来学习中华文化传统，可以根据义务教育阶段的教材内容，整合为以下主题："传统乐器""中华书法""中国画展""中华民俗""中华园林艺术""中华武术""地域文学"等主题，进行表格式、展演式、主题式学习。

表1 五—九年级语文教材中与中华传统文化相关的内容

类别	具体内容	教材篇目	具体诗文或语句	文化价值
传统乐器	笛子、二胡、古筝、萧笛、鼓、古琴、琵琶			
中华书法	书法、篆刻印章、文房四宝（毛笔、墨、砚台、宣纸）、木版水印。			
民俗文化	春节、元宵节、龙抬头、社日节、上巳节、寒食节、清明节、端午节、七夕节、中元节、中秋节、重阳节、下元节、冬至节、除夕			
中华园林	亭阁牌坊、园林寺院、钟塔庙宇、亭台楼阁、民宅、祠堂			

续 表

类别	具体内容	教材篇目	具体诗文或语句	文化价值
戏剧文化	京剧、越剧、秦腔、潮剧、昆曲、湘剧、豫剧、曲剧、徽剧、河北梆子、皮影戏、川剧、黄梅戏、粤剧、花鼓戏、木偶戏			
地域文化	中原文化、潮汕文化、江南文化、岭南文化、乡土文化、中原文化、巴陵文化			

综上所述“有核”课堂可以培养学生综合运用语文的能力，增强文化素养，提升批判性思维，培育创新意识，增进情感体验，促进终身学习；更重要的是有助于学生成为全面发展的、有思想、有情感、有创新意识、更好地适应未来社会的发展和挑战的公民。

有核课堂强调学生的主体地位，鼓励学生积极参与、主动学习，跨学科学习激发学生的学习兴趣与动机，提高学习效率，促进不同学科之间的相互融合。

有核课堂不仅关注本国语言和文化，也涉及国际交流和对外文化的理解，可以培养学生的跨文化交流能力，提高他们在国际交往中的语言沟通和文化适应能力，推动教育质量的深度发展。

“有序”的课堂

课堂教学过程中，学生是主动求知与积极探索的主体；而教师，则是教学过程的设计者、组织者、引导者，为学生提供服务。因此，教师的教学设计要将教师、学生和教材三要素融为一体，必须符合学生身心发展的需求。

程红兵认为课堂应该“教师带着教材走向学生”“教师带着学生走向教材”“学生带着教材走向教师，完全实现学生的自主学习”，这就是有序课堂的内涵。有序的课堂必须符合学生的认知秩序、表达秩序、情感秩序。教师的作用在哪里？教师的作用在于无向处指向、于无法处指法、于无疑处生疑、于无力处给力。换句话说，教师的作用就在于，给学生力量、给学生拐杖、给学生脚手架、给学生资料包、给学生技能与思维，让学生自己解决问题。

一、尊重学生的认知秩序

顺从学生认知秩序是指根据学生身心发展规律，按照一定的学习顺序和层次来组织学习活动，使学生能够逐步建立知识体系，形成脉络清晰的学习历程。顺从学生认知秩序能够合理安排学习内容，使学生不再盲目地、零散地学习知识。最重要的是尊重学生发展规律明确的学习路径和规划，帮助学生逐步建立知识体系，从而在学习中更加高效地掌握知识。

（一）依据认知秩序确定教学重点

1. 小学生对字词的认知以形象记忆为主

以字词为例，小学生形象思维发达，对字词的认知是以整体记忆为主，

象形字多采用象形法教学，会取得好的效果。如下图所示。

通过图文结合、联系生活经验等方法，让小学生理解“采”字的意思，学生观察字形，结合用手采树上的果实或叶芽的动作，可以理解此字上面是手下面是木，即用手去拿或摘树上的果实。教师引导学生关注字词，理解象形字，会意字、形声字的区别，间架结构和笔顺，笔画较多的字需采用分解法教学，指导学生书写，再通过组词等方式进行复现和识记。

2. 中学生对字词概念的理解逐渐能够把握本质

随着抽象思维的发展，初中生开始能够较好地理解抽象概念的本质属性，并能分出主次特征。此时就可以从字源、字义上来学习汉字。

如学习“采”字可以结合“采”的发展史理解含义。《说文解字》中说：“采，捋取也。”《诗·唐风·采苓》中“采苓采苓，首阳之巅。”和《史记·伯夷列传》中“登彼西山兮，采其薇矣。”的“采”，即此意。《史记·秦始皇本纪》中“采上古帝位号，号曰皇帝”引申为采用。后来，“采”又借用为彩色之彩。《玉篇·木部》中“采，色也”，《礼记·月令》中“命妇官染采”，郑玄注曰：“采，五色。”这个意思后来写作“彩”。汉晁错《论贵粟疏》：“故其男不耕耘，女不蚕织，衣必文采，食必梁肉。”《汉书·货殖传》：“文采千匹。”颜师古注：“帛之有色者曰采。”“采”在此引申指彩色的丝织品。根据这个意思，“采”又音cài，指采邑（古代诸侯分封给卿大夫的土地），如《汉书·刑法志》：“此卿大夫采地之大者也。”这个意思后来曾写作“寀”，亦作“埰”。

由于“采”有诸多引申义和假借义，所以曾分化出加注提手旁的“採”来表示本义。中华人民共和国成立后，“採”和“寀”“埰”作为异体字并入了“采”字。初中生对“采”的词性、词义、发展变化的学习，既了解了文字的来龙去脉，也让学生理解文字的本质属性。

3. 符合小学与初中的认知秩序

以语法为例，小学生主要掌握句子主干，而中学生对于语法的掌握应更加丰富。既能分辨主谓宾，也能区分定状补，还能理解语法意义。小学概括文章内容时，多采用简单结构系统即“谁做（是）什么”，而初中概括中心的复杂结构系统即“（怎样的）谁，（如何）做（何故）是，（怎样的）什么，有什么（意义、道理）”。

以《秋天的怀念》一文为例，小学生大多数概括为“‘我’怀念母亲”；而初中生常常概括为“被病痛折磨得暴怒无常的‘我’，在答应了母亲一起去北海看菊花后，却永远失去了那忍着病痛，珍爱鼓励‘我’的母亲，直到这时，‘我’才懂得了母亲的希望：儿女们要在困境中好好儿活下去！为此，‘我’对母亲充满了怀念与愧疚”。初中生概括主要内容时要求注重细节、全面，这与小学生以形象思维、单线思维为主，只选择主干信息的要求完全不同，这是因为初中生在面对大量信息时，具备筛选和辨别信息的能力。初中生能够从海量的内容中找出并连接与主题相关的、有价值的信息或细节，形成完整的认识和理解。

（二）依据认知秩序，确定学习重点

不同阶段学习重点的确定，一定是教材编著根据认知规律确定的。以古诗文为例。

教学中根据学生的认知秩序，确定好教学的重点。古诗文的教学常采用“读准字音——读懂文义——读懂作者——读懂文化”四级教学顺序。小学以会读，能背，大体理解文义为主；初中还需要从文字、文学、文化的解读深入学习，以后面的两个要求为主。

如儒家学说的发展历程，可以通过关注系列作品来了解，可以将七、八、九年级已学的儒家文章进行整合分析以《鱼，我所欲也》带动其他篇的学习。

《孟子·告子上》这样写道：“恻隐之心，人皆有之；羞恶之心，人皆有之；恭敬之心，人皆有之；是非之心，人皆有之。恻隐之心，仁也；羞恶之心，义也；恭敬之心，礼也；是非之心，智也。仁、义、礼、智，非由外铄我也，我固有之也，弗思耳矣。”这是孟子有名的“四心说”，从理论源头激发了人们追求人格美的信心、主动性和责任感。

七年级下册《富贵不能淫》：“景春曰：‘公孙衍、张仪岂不诚大丈夫哉？一怒而诸侯惧，安居而天下熄。’孟子曰：‘是焉得为大丈夫乎？’子未学礼乎？丈夫之冠也，父命之；女子之嫁也，母命之，往送之门，戒之曰：‘往之女家，必敬必戒，无违夫子！’以顺为正者，妾妇之道也。居天下之广居，立天下之正位，行天下之大道。得志，与民由之；不得志，独行其道。富贵不能淫，贫贱不能移，威武不能屈，此之谓大丈夫。”可由此文过渡到男性文化中的“大丈夫”说，孟子认为培养“大丈夫”人格，需要艰苦的锤炼。

八年级上册《生于忧患，死于安乐》：“舜发于畎亩之中，傅说举于版筑之间，胶鬲举于鱼盐之中，管夷吾举于士，孙叔敖举于海，百里奚举于市。故天将降大任于是人也，必先苦其心志，劳其筋骨，饿其体肤，空乏其身，行拂乱其所为，所以动心忍性，曾益其所不能。人恒过，然后能改；困于心，衡于虑，而后作；征于色，发于声，而后喻。入则无法家拂士，出则无敌国外患者，国恒亡。然后知生于忧患，而死于安乐也。”孟子从“大丈夫”受到挫折应有的认识的角度提出了“磨砺说”。

九年级下册《鱼，我所欲也》：“生亦我所欲，所欲有甚于生者，故不为苟得也；死亦我所恶，所恶有甚于死者，故患有所不辟也。如使人之所欲莫甚于生，则凡可以得生者何不用也？使人之所恶莫甚于死者，则凡可以辟患者何不为也？由是则生而有不用也，由是则可以辟患而有不为也。是故所欲有甚于生者，所恶有甚于死者。非独贤者有是心也，人皆有之，贤者能勿丧耳。”

孟子后文还提到了乞人不食嗟来之食的行为，提出了应该做出怎样的选择，即“实践说”。从理论到实践，以孟子为代表的儒家思想此时已经完成。这几篇文章按内容的深浅，难易程度分布在初中学段不同年级，这样的编排从内容上符合由浅入深、由简单到复杂的认知规律，也符合学生对古文学习从低级到高级文言文，从简单到复杂的认知规律。

这个例子告诉我们，建立在学生认知秩序上的多个文本的关联与比较分析是提高语文课堂效率的关键。因为每个文本都是有意义的，文本之间的关联也是有意义的，正是在关联和比较的过程中，文本的历史脉络、内涵、意义凸显出来，文本的意义和特点变得清晰，学生的视野得到扩展，对文本的理解也更加深刻。这一方法将“必要的文言知识—丰富的文言积累—熟练的文言技能—深厚文化素养”在不同的阶段教学重点应不同呈现。

除了衔接各学段的教学内容外，还要拓展关联作者其他作品。确定教学重点。为了更加精准地把握《秋天的怀念》中小心翼翼的母亲与“我”怀念、感激、愧疚母亲的情感。我整理了原文的句子及史铁生《我与地坛》散文集中的语句。课文中的原句如下：

1. 母亲就悄悄地躲出去，在我看不见的地方偷偷地听着我的动静。当一切恢复沉寂，她又悄悄地进来，眼边红红的，看着我。

2. 她憔悴的脸上现出央求般的神色。“什么时候？”“你要是愿意，就明天？”她说。我的回答已经让她喜出望外了。“好吧，就明天。”我说。她高兴得一会坐下，一会站起：“那就赶紧准备准备。”

3. ……她忽然不说了。对于“跑”和“踩”一类的字眼儿。她比我还敏感。她又悄悄地出去了。

《我与地坛》散文集中的篇目和相关的语句如下。

1. 十九年前，父亲搀扶着我第一次走进那病房。那时我还能走，走得艰难，走得让人伤心就是了。当时我有过一个决心：要么好，要么死，一定不再这样走出来。——《我二十一岁那年》

2. 二十一岁、二十九岁、三十八岁，我三进三出友谊医院我没死，全靠了友谊。后两次不是我想去勾结死神，而是死神对我有了兴趣。——《我二十一岁那年》

3. 二十岁，我的两条腿残废了。除去给人家画彩蛋，我想我还应该再干点儿别的事，先后改变了几次主意，最后想学写作。母亲那时已不年轻，为了我的腿，她头上开始有了白发。医院已经明确表示，我的病目前没办法治。母亲的全副心思却还放在给我治病上，到处找大夫，打听偏方，花很多钱。她倒总能找来些稀奇古怪的药，让我吃，让我喝，或者是洗、敷、熏、灸。“别浪费时间啦！根本没用！”我说。我一心只想着写小说，仿佛那东西能把残废人救出困境。“再试一回，不试你怎么知道有用没用？”她说，每一回都虔诚地抱着希望。然而对我的腿，有多少回希望，就有多少回失望。——《合欢树》

4. 三十岁时，我的第一篇小说发表了，母亲却已不在人世。过了几年，我的另一篇小说又侥幸获奖，母亲已经离开我整整七年。——《合欢树》

5. 21岁，对于所有人来说，正是风华正茂的年龄，本该拥有着太多梦想，然而命运竟是如此的残酷：突如其来的重病使史铁生失去了行走的权利，不得不终生与轮椅为伴。这是一份多么沉重的苦难呀！他曾一度失去了生活的信心。终日沉浸在自己的苦难中难以自拔，以至于忽视了慈爱的母亲对他无微不至的照顾，尤其是母亲身患重病，他竟全然不知。当他发现母亲病情的严重时，49岁的母亲却永远地离开了他！——《我二十一岁那年》

6. 在那段日子里——那是好几年长的一段日子，我想我一定使母亲做过了最坏的准备了，但她从来没有对我说过：“你为我想想。”事实上我也真的没为她想过。那时她的儿子，还太年轻，还来不及为母亲想，他被命运击昏了头，一心以为自己是世上最不幸的一个，不知道儿子的不幸在母亲那儿总是要加倍的。她有一个长到二十岁上忽然截瘫了的儿子，这是她唯一的儿子；她情愿截瘫的是自己而不是儿子，可这事无法代替；她想，只要儿子能活下去哪怕自己去死也行，可她又确信一个人不能仅仅是活着，儿子得有一条路走向自己的幸福；而这条路呢，没有谁能保证她的儿子终能找到。

7. 这样一个母亲，注定是活得最苦的母亲。——《我与地坛》

带领学生拓展阅读《我与地坛》，重点关注作者系列作品，提升学生的认知，让解读更贴近作者的目的。

文学作品中人物形象许多时候是文化的象征，还可以引导学生由对个体的关注上升到对群体的关注，提升认知秩序。如鲁迅先生有很多篇目都写了父亲。

《孔乙己》中“他身材很高大；青白脸色，皱纹间时常夹些伤痕”，《父亲的病》中“父亲的水肿是逐日利害，将要不能起床”，《五猖会》中“忽然，工人的脸色很谨肃了，我知道有些蹊跷，四面一看，父亲就站在我背后”，《药》中“便禁不住心跳起来，按着胸膛，又是一阵咳嗽”，《故乡》中“他身材增加了一倍；先前的紫色的圆脸，已经变作灰黄，而且加上了很深的皱纹；眼睛也像他父亲一样，周围都肿得通红”可以关注多个“父亲”的异同之处，引导学生得出自己的看法。这里的父亲不一定是鲁迅父亲，但一定是作为中国文化中的“父亲”形象出现的。引导学生探究身体与精神病态的“父亲”并理解作者的意图。一个民族唯有作为中流砥柱的“父亲”们健康才有未来，这也正是作者不停呐喊的原因。尤其是名家名作，系列作品中反复出现的人物或一类人物是教学重点。

（三）依据认知秩序，合理对待教学内容

教材中有许多属于节选，这需要教师合理对待全文，关注教材内容的整体性，有助于课堂有序推进如七年级上册《杞人忧天》原文。

杞国有人忧天地崩坠，身亡所寄，废寝食者。

又有忧彼之所忧者，因往晓之，曰：“天，积气耳，亡处亡气。若屈伸呼吸，终日在天中行止，奈何忧崩坠乎？”

其人曰：“天果积气，日月星宿，不当坠耶？”

晓之者曰：“日月星宿，亦积气中之有光耀者，只使坠，亦不能有所中伤。”

其人曰：“奈地坏何？”

晓之者曰：“地，积块耳，充塞四虚，亡处亡块。若躇步跐蹈，终日在地上行止，奈何忧其坏？”

其人舍然大喜，晓之者亦舍然大喜。

单看教材我们可以用唐代李白《梁甫吟》“白日不照吾精诚，杞国无事忧天倾”来概括寓意，也可以引导学生用自己的话概括寓意，即为不必要忧虑的事情而忧虑。但是当我们补充下面原文中的一段话寓意就有所不同了。

长庐子闻而笑之，曰："虹霓也，云雾也，风雨也，四时也，此积气之成乎天者也。山岳也，河海也，金石也，火木也，此积形之成乎地者也。知积气也，知积块也，奚谓不坏？……天地不得不坏，则会归于坏。遇其坏时，奚为不忧哉？"

我们可以从"长庐子"和"杞人"的角度得出不同的寓意，杞人是不知天地是否会毁坏而担忧，属于盲目担忧，长庐子是明知天地最终会毁坏而担忧，具有忧患意识。如果继续补充全文，则又有新的认识。

子列子闻而笑曰："言天地坏者谬，言天地不坏者亦谬。坏与不坏，吾所不能知也……"

读完全文，我们对全文寓意有了不同的理解，晓之者因不了解真相而担忧，止于劝人，不求甚解；列子因看透了真相而担忧；而我们看透本质，顺应自然。（这就告诉我们教学时不要拘于一点，而要逐步提升学生的认知。引导学生提高认知水平。）尤其是节选的内容，要补充完整或选择重要内部分进行教学。

以《卖火柴的小女孩》为例，小学童话教学主要关注情节的曲折性，如小女孩四次擦火柴看到了什么。小学这样教学是可以的，但初中如果还采用这种教学方式是不行的。因为这样的教学存在重情节轻语言，问题意识不突出，人物形象解读欠立体，对童话现实意义理解狭隘，机械解读致使童话文学性缺失，解读单一致使童话价值被局限等弊端。初中童话教学在承接原有学和知识的基础上对接关键能力，延展核心素养。

以下是我教学《皇帝的新装》时，三次的教学目标以及学习目标。

第一次的教学目标为：①理清故事情节，抓住人物性格特征；②理解童话的想象和夸张的艺术特点。

第二次教学目标：①体会被蒙蔽的成人世界的种种心路，体味人性之可怜；②对比中体味儿童世界中的天真，并分析现状；③培养学生不管现实如何严峻，依然要保持自身的真善美。

第三次将教学目标换为学习目标：①语言目标——整体感知课文，用四字短语初步概括人物形象特点；②思维目标——了解童话文体特点，感受各类人受骗的深层原因；③价值目标——体味“皇帝的新装”的文学意义。

三节课童话教学关注点发生变化，从识别语言符号到体悟文学形象，从挖掘文学蕴含到挖掘文化价值，从培养想象到培养思维。从体会价值美到做好价值推送。

又如小说教学小学教故事，但初中更要教叙述，要讲清楚叙述者，叙述方式，还要带领学生弄清楚这个故事怎么叙述的，即谁来说这个故事，叙述人称，叙述方式；还要关注叙述、场景、主题、人物、情节、结构、情感、虚构，实现小说相关知识有序推进。

二、顺从学生的表达秩序

表达有口头表达，也有书面表达。这里指书面表达，即常说的写作。写作是由思维到表达的心理过程。把思维活动转变为语言表达要经过四级转换。一是从思维到内部言语的转化；二是从内部言语到外部口头言语表达的转换；三是从外部口头言语到规范的书面言语的转换；四是从规范的书面言语到有个性、有创意言语的转换。这个转换过程实际上是学生通过语言和文学作品的学习，逐步提高自己的语言表达能力，能够准确地表达自己的思想和情感的过程。写作教学中要顺从学生的表达秩序。

（一）顺从表达秩序，设计表达任务

大部分小学生能进行较完整的、清晰的、合乎规则的书面表达，大部分初中学生能进一步达到用词准确、言简意明、通顺恰当的表达，有的还能达到生动、鲜明、灵活运用各种修辞方法的表达水平。

以写一件事为例，具体阐述该如何顺从学生的表达秩序。第三学段课标要求“能写简单的纪实作文和想象作文，内容具体，感情真实。能根据内容表达的需要，分段表述。”，小学侧重交代清楚要素，写清楚起因、经过、结果。新课标第四学段要求“多角度观察生活，发现生活的丰富多彩，能抓住事物的特征，为写作奠定基础。写作要有真情实感，表达自己对自然、社会、人生的感受、体验和思考，力求有创意”“写作时考虑不同的目的和对

象。根据表达的需要，围绕表达中心，选择恰当的表达方式。合理安排内容的先后和详略，条理清楚地表达自己的意思。运用联想和想象，丰富表达的内容。正确使用常用的标点符号”“写记叙性文章，表达意图明确，内容具体充实。”初中生要关注自己的内心体验，写作任务在丰富、形象、具体上有了更高要求。

由此可见，初中则从能力、思维体验的角度提出了更高要求。

这要求我们设计符合学生认知秩序的写作任务，为小学生设计简单的组词，造句，看图写话，日记等写作任务，初中生则要求写故事、随笔、文化散文、小说、诗歌、童话等。

（二）顺从表达秩序，依托教材，寻找表达规律

如何顺从表达秩序，训练学生表达能力？教材中有许多精美的写作范例，我们要活用教材，美用教材，实现“以写带读，以读促写”的“读写共生”的目的。比如，教材中许多精美开头可以作为表达的范例：

1. 每个人人都有故乡，每个人的故乡都有个月亮。人人都爱自己故乡的月亮。（五年级下册《月是故乡明》）

2. 故乡的梅花又开了。那朵朵冷艳、缕缕幽芳的梅花，总让我想起漂泊他乡、葬身异国的外祖父。（五年级下册《梅花魂》）

3. 今年的丁香花似乎开得格外茂盛，城里城外，都是一样。城里街旁，尘土纷嚣之间，忽然呈出两片雪白，顿使人眼前一亮，再仔细看，才知是两行丁香花。有的宅院里探出半树银妆，星星般的小花缀满枝头，从墙上窥着行人，惹得人走过了还要回头望。（六年级上册《丁香结》）

4. 盼望着，盼望着，东风来了，春天的脚步近了。（七年级上册《春》）

5. 我不由得停住了脚步。（七年级上册《紫藤萝瀑布》）

6. 对于一个在北平住惯的人，像我，冬天要是不刮风，便觉得是奇迹；济南的冬天是没有风声的。对于一个刚由伦敦回来的人，像我，冬天要能看得见日光，便觉得是怪事；济南的冬天是响晴的。自然，在热带的地方，日光是永远那么毒，响亮的天气反有点儿叫人害怕。可是，在北中国的冬天，

而能有温晴的天气，济南真得算个宝地。（七年级上册《济南的冬天》）

7. 假如我变成了一朵金色花，为了好玩，长在树的高枝上，笑嘻嘻地在空中摇摆，又在新叶上跳舞，妈妈，你会认识我么？（七年级上册《金色花》）

8. 山，好大的山啊！起伏的青山一座挨一座，延伸到远方，消失在迷茫的暮色中。（七年级下册《驿路梨花》）

9. 壶口在晋陕两省的边境上，我曾两次到过那里。（八年级下册《壶口瀑布》）

10. 父亲总觉得我们家台阶低。（人教版八年级上册《台阶》）

11. 我冒了严寒，回到相隔二千余里，别了二十余年的故乡去。（九年级上册《故乡》）

依托教材，把这些语句挑选出来，作为作文开头结尾训练的范例。师生共同总结出几种开头技法。

表1　开头方法整理表

开头方法	例句	写作技巧	学习起始学段
开门见山法	1、7、9、11	句子短小，直接见题目字眼	第三学段
情感法	3、9	句子中含有如“爱、喜欢、难忘”等表达情感的词，或采用融情于景的方法	第三学段
修辞法	3、7	多采用比喻、拟人的修辞手法。设计写作任务也应该随着学段的不同而有差异，写作训练应该呈现序列化的特点。 第一阶段：能为本体找到恰当的喻体，能用比喻写出本体的一个特点。（第三学段） 第二阶段：能为本体找到多个恰当的喻体，并能采用感官法进化描写，至少写出本体的3个特点。（七年级） 第三阶段：把描写对象融入特定的情境氛围中，并写出神韵；比喻与拟人、排比等结合。（八年级） 第四阶段：抽象与具象自由转换，及有创意的表达。（八年级、九年级）	各年级要求应符合学生的写作认知

续 表

开头方法	例句	写作技巧	学习起始学段
衬托见主角法	2、6	先对多物或一物的多个特征进行准确而又生动的描述，然后转入要描写的对象，引出下文的内容。	第四学段
意境美引出人事情理法	3、8	首先根据主题确定意境的特点，或清新，或凝重，或唯美，或衰败凄凉等；其次选好4～5个意象，再次要对意象进行修饰，突出意境特点，最后要有一句引出人、事、情、理的简单语句	第四学段

不仅要从教材中发现可用的素材，还要通过分析表达特点，总结表达规律，最后落实到具体写作实践中。教学中既要带领学生总结常见的开头技巧外，还需要练习，达到知行合一。不妨设计一些开头练习，让训练量化、质化。

如：请给以下四个题目各写三个不同类型开头。要求：（1）注明开头类型；（2）60字左右。

题目：1. 谢谢你的礼物　2. 点亮　3. 我初中生活的关键词　4. 又见枝头花绽放

这一学习任务最大的亮点就是可以依葫芦画瓢，让不同写作能力的学生都能完成任务；二是有选择性，可以从五种开头法中选择三种，遵循学生的写作能力秩序。运用同样的方法，我们也可以完成结尾的写作技法的总结，既进行思维训练，提高写作实效性。

以下几种结尾方式主要是通过对教材的分析得出的。

1. 由表及里，通过揭示本质升华主题

例如："好像我背上的同她背上的加起来，就是整个世界。"这是莫怀戚的《散步》一文的结尾。一家人走到一处难走的地方，家中的两个中年人分别背起了一老一小，这是很平常的一件事。背人是表象，但透过"背人"这一表象，作者揭示了中年人身上应该具备"承前启后""尊老抚幼"的人生责任的道理。这样，揭示了表象背后的深刻本质，文章的主题就被提升了，符合七年级的写作认知特点。

2. 由点到面，通过揭示普遍性升华主题

例如杨绛的《老王》的结尾：“我回家看着还没动用的那瓶香油和没吃完的鸡蛋，一再追忆老王和我对答的话，捉摸他是否知道我领受他的谢意。我想他是知道的。但不知为什么，每想起老王，总觉得心上不安。因为吃了他的香油和鸡蛋？因为他来表示感谢，我却拿钱去侮辱他？都不是。几年过去了，我渐渐明白：那是一个幸运的人对一个不幸者的愧怍。”生活总是由具体的一件件事、一个个人组成的，在事与事、人与人之间存在一种普遍性。我们在作文中如果能由点到面，由具体的某个人某件事揭示出人类社会中存在的普遍性规律，将极大地丰富读者的阅读体验，文章的主题也就得到了升华。这符合八年级学生追问的思维特征。

3. 由此及彼，通过触类旁通升华文章主题

例如《紫藤萝瀑布》的结尾：“花和人都会遇到各种各样的不幸，但是生命的长河是无止境的。我抚摸了一下那小小的紫色的花舱，那里满装生命的酒酿，它张满了帆，在这闪光的花的河流上航行。它是万花中的一朵，也正是由每一个一朵，组成了万花灿烂的流动的瀑布。”事物之间总是相类似的，有些在其他事物间的规律也同样适用于人类社会。这一结尾就是在描写其他事物时，发现其中的规律并把它提炼出来，用于描述人与人之间的行为，这就是一种由此及彼的升华。这适合初中学生的认知能力。

4. 由具体的人、事向为人处世的一般道理升华

例如莫顿·亨特《走一步再走一步》的结尾：“此后，我生命中有很多时刻，面对一个遥不可及的目标，或者一个令人畏惧的情境，当我感到惊慌失措时，我都能够轻松应对——因为我回想起了很久以前悬崖上的那一课。我提醒自己不要看下面遥远的岩石，而是注意相对轻松、容易的第一小步，迈出一小步，再一小步，就这样体会每一步带来的成就感，直到达成了自己的目标。这个时候，再回头看，就会对自己走过的这段漫漫长路感到惊讶和骄傲。”这是由具体的人和事向为人处世的一般道理提升，也就是常说的小中见大，小故事大道理，见一叶落而知秋，从现象到本质，符合初中学生的认知能力。

5. 由个人联系国家，从个人命运向国家民族命运升华

“而现在/乡愁是一湾浅浅的海峡/我在这头/大陆在那头。”这是余光中《乡愁》的最后一节。在这首诗中，作者选了四种意象形象地诠释了什么叫乡愁。这些意象虽然都感人至深，但如果没有这最后一节，诗歌总显得不够大气。最后一节，作者将个人对家乡亲人的思念之愁，上升到台湾人民不能与祖国大陆团圆的愁绪，这样诗歌的主题得到了质的飞跃，诗歌也在从小我向大我转换之间完成了主题的升华。九年级的学生已有一定的家国情怀，这样的表达也符合学生从个人到家庭到国家的情感认知。

6. 由个人行为向人性、民族文化、传统文化、民族精神升华

例如《学戏虽苦，但我喜欢》的结尾：“我爱的不仅是舞台的光鲜，我爱的还有演戏本身。演戏就是在用一种属于我的方式去体会。体会一个角色，一出戏，一种艺术；诠释一种美，一份爱，一份倾注；传承一种传统，一份历史，一种文化。今天在舞台上，我挥舞水袖，演绎芳华一梦，也终于实现了我的戏曲梦！”在这篇文章里，作者写了自己学戏过程中的种种辛苦，但如果没有最后两段，文章还是停留在个人成长层面。文章结尾，作者将个人的喜好，上升到艺术、传统文化，这样主题就得到了升华。

前面四种方法既适合第三学段学生学习，也适合第四学段学生学习，而后两种则适合第四学段学生学习，因为对学生的认知要求，表达要求更高。前面四种方法小学生能够做到，因为小学生的表达通常比较简单直接，他们可能用简单的语言和词汇来描述自己的想法和感受，情感表达相对较为直接和真实，多半会以自己的视角和感受来描述事物和经历。而初中生的表达能力较小学生更为丰富多样，初中生的知识面也得到了扩展，能够涉及更多领域的话题和内容，从而在表达中表现出更全面的视角和见解。初中生的表达通常会更加注重理性和情感的复杂性，语言也体现精美、精彩、精练的特点。

（三）顺从表达秩序，填补写作缺失

王荣生说：“写作即经验的改造。写的过程是搜集、再现、重组生活经验的过程，也是重新体验、生成、再造生活经验的过程。”写作是学生现有经验转化为写作任务所需，这需要将生活经验与语文经验以及生活逻辑融为一体。所以在情景化中完成写作任务是实现情景化的最好方法。而学生面临的问题是没内容可写，这主要是由于他们“不会转换”，是因为缺乏对生活进行唤醒、激活、体验、加工、转换、再造的能力。这需要用积累课搭建从生活走向写作生活的桥梁，用技法课训练文体能力，用思维课，培养语篇构造能力。用优化课提升语言表达水平。

作文课的四种样态：积累课、技法课、思维课、优化课。提炼关与表达关是教师写作教学的重点。不知道怎么写，这是表达的问题，我们要提高语言表达能力；还有一个就是学生不知道为什么要写，学生无法提炼出写作背后的价值，这也是体验难点。

学生不会表达本质是语言与思维的问题。学生写作面临的困难就是我们要解决的问题，宏观培养语篇构造能力，这能落实思维发展与提升语文素养；中观上教会学生提升学生文体思维能力，落实审美鉴赏；微观上提高语言表达能力，提升语言运用能力。为了达到这一目标，需要重新构建作文教学观。教师需要怎样的作文教学观？什么样的文章是好文章？真实质朴之文、独立思想之文。就是好文章，中小学生应该会写什么样的文章？小学生以写人叙事为主，中学生写好记叙文，要会写简单实用文、议论文。顺从各学段的写作秩序，尊崇各学段的写作教学的逻辑起点和合理序列。训练逻辑起点应该包含思维训练、素材积累（生活感受素材、社会问题素材、文化和知识素材），读写共生三方面的序列。训练序列也应合理，也就是从形象思维逐步过渡到抽象思维。内容的充实先于形式的丰富，内容的丰富先于技法的多样，要突破文字表达的基本功关，言之有物（真实的感受、独立的思想）关，去陈言关。

（四）顺从写作秩序，实现读写共生

读写共生指在学习和写作的过程中，读与写相互促进、相互支持，从而提高学习和写作的效果。实现读写共生可以让学生更好地理解知识，提升表达能力，以及更深刻地吸收和消化所学内容。“读”为起点，创造性的“写”为终点。有创造性地研读、整合文本，确定文章中可以转化为“写点”的“读点”。通过阅读《走一步，再走一步》，从读中找到写点，实现读写共生。

表2　成长主题作文中需要写清楚的关键节点——以《走一步，再走一步》为例

关键节点	经典篇章实例
A.临界点（思想困顿迷茫、害怕恐惧、绝望沮丧处，势必谷底反弹的地方），注意写出层次变化。详写，描写为主	1. 大约只有二十米高，但在我眼中却是高不可攀的险峰。 2. 但是他们已经爬到了距离悬崖顶部三分之二的岩脊上，那里大约有五六英尺深，十五英尺长。我努力向他们爬过去。我缓慢地爬着，尽可能贴近里侧，紧紧地扒住岩石的表面。其他的孩子则站在靠近边缘的地方这种情景让我感到反胃，我偷偷地抓住背后的岩石 3. “喂，等等我。”我哑着嗓子说。 4. 我往下看，但是却感到阵阵晕眩；一股无名的力量好像正在逼迫我掉下去。我紧贴在一块岩石上，感觉天旋地转……我绝对回不去了。这太远，也太危险了；在悬崖的中途，我会逐渐感到虚弱、无力，然后松手，掉下去摔死。但是通向顶部的路看起来更糟——更高、更陡、更变化莫测；我肯定上不去。我听见有人在哭泣、呻吟；我想知道那是谁，最后才意识到那就是我。 5. “我下不去！我会掉下去的！我会摔死的！”我大哭着说
B.点拨点（方法、思想、认识、体会的点拨处），注意点拨点与后文的觉醒点要有内在的逻辑联系，呈现照应关系。略写	“听我说，”爸爸继续说，“不要想有多远，有多困难，你需要想的是迈一小步。这个你能做到。看着手电光指的地方。看到那块石头没有？”光柱游走，指着岩脊下面的一块突出的石头。“看到了吗？”他大声问道。
C.转折点（开始悄然发生转变处及变化的具体表现），写出转折的具体过程。详写，描写为主	1. 我慢慢地挪动了一下。“看到了。”我回答。 2. 这看起来我能做到。我往后移动了一下，用左脚小心翼翼地感觉着岩石，然后找到了。“很好。”爸爸喊道，“现在，往右边下面一点儿，那儿有另外一个落脚点，就几英寸远。移动你的右脚，慢慢地往下。这就是你要做的。只要想着接下来的这步，不要想别的。”我照做了。“好了，现在松开左手，然后抓住后面的小树干，就在边上，看我手电照的地方，这就是你要做的。”再一次，我做到了。 3. 就这样，一次一步，一次换一个地方落脚，按照他说的往下爬，爸爸强调每次我只需要做一个简单的动作，从来不让我有机会停下来思考下面的路还很长，他一直在告诉我，接下来要做的事情我能做
D.觉醒点（和前面的认识、情感、体会截然不同处，恍然大悟处，思想认识升华处）。略写，以议论和抒情为主	因为我回想起了很久以前悬崖上的那一课。我提醒自己不要看下面遥远的岩石，而是注意相对轻松、容易的第一小步，迈出一小步，再一小步，就这样体会每一步带来的成就感，直到达成了自己的目标。这个时候，再回头看，就会对自己走过的这段漫漫长路感到惊讶和骄傲

依照这种方式我们可以根据《老山界》《黄河颂》提炼家国主题节点写作技巧，根据《背影》《我的母亲》提炼情感主题节点写作技法。

（五）依据写作秩序，实现有用

学以致用是人类学习的终极目标，“有用”成了检验标准，写作是为了传递信息、表达思想。新闻报道、科学论文、技术手册等以清晰、准确的语言向读者传递特定的信息，使读者了解事实和真相。第三学段主要以传递信息为主，第四学段还包括表达思想和观点，如第四学段，我们学习了《送东阳马生序》中宋濂的故事后，设计这样一个学习活动：放眼我们的现实生活，其实还有很多很多的人，像宋濂一样在奋斗着，在努力坚持着，经过时间的历练，他们的努力也最终开出花来。你能举出一些例子吗？请结合2018～2023年感动中国人物事迹，仿照下面的句式写句子，越多越好。

例1：张桂梅有身体虚弱、资金匮乏的苦，但她信念坚定，最终收获了桃李满天的乐。

________有________的苦，但她/他________，最终收获________的乐。

________有________的苦，但她/他________，最终收获________的乐。

________有________的苦，但她/他________，最终收获________的乐。

________有________的苦，但她/他________，最终收获________的乐。

________有________的苦，但她/他________，最终收获________的乐。

这一设计让学生关注现实，联系现实，实现学课本学习与联系实际的认知延伸。

“有用”还有另外一个极其重要的作用，就是修改自己的文章。修改润色也是写作的一部分，九年级还有一个单元学习写作修改润色，这是建立在学生已具有一定的写作基础之上作文提升课。我以为可引导学生从以下几个方面对自己的文章进行修改。

修改目标：好作文是修改出来的，教会学生修改作文。

修改方法：互批互改，面批面改，反复修改

修改内容：改错别字——改病句——写好细节——写出个性——眉批——总评——打分——签名。

提升方向：文章＝结构＋内容＋表达＋语言＋书写＋标点符号。

学生把握结构方式和具有了叙事能力后，还可以从以下几个方面努力：

（1）在叙事方式上求变：倒叙、插叙、补叙、波折。

（2）在表达方式上求高：叙事细致、写人生动。

（3）在人物描写上求真：人物心理、语言、动作、肖像等。

（4）在语言运用上求生动、求传神：比喻、拟人、夸张等。

（5）书写清楚、工整、美观。

（六）依据写作秩序，实现知识结构化

将每节课积累起来的知识加以归纳和整理，使之条理化、纲领化，实现纲举目张。写作知识散落在具体的文章里，需要将碎金似的知识加以归纳整理，使之条理化、纲领化成为操作性强、可迁移的知识。帮助学生理解、记忆和迁移，实现教学价值的“有意义”。以下是通过对教材的研读，整理出实践性强的作文思路图。如下。

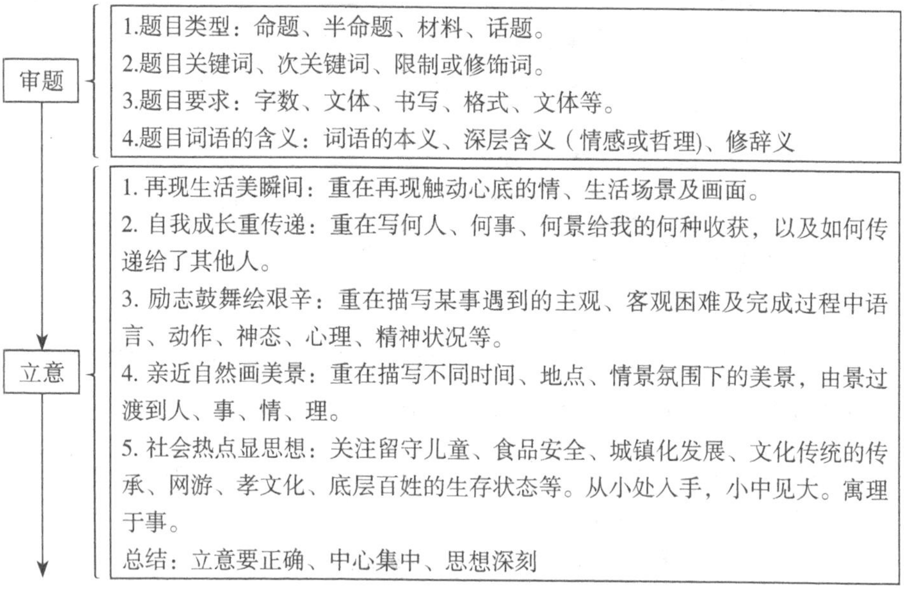

审题

1.题目类型：命题、半命题、材料、话题。
2.题目关键词、次关键词、限制或修饰词。
3.题目要求：字数、文体、书写、格式、文体等。
4.题目词语的含义：词语的本义、深层含义（情感或哲理)、修辞义

↓

立意

1. 再现生活美瞬间：重在再现触动心底的情、生活场景及画面。
2. 自我成长重传递：重在写何人、何事、何景给我的何种收获，以及如何传递给了其他人。
3. 励志鼓舞绘艰辛：重在描写某事遇到的主观、客观困难及完成过程中语言、动作、神态、心理、精神状况等。
4. 亲近自然画美景：重在描写不同时间、地点、情景氛围下的美景，由景过渡到人、事、情、理。
5. 社会热点显思想：关注留守儿童、食品安全、城镇化发展、文化传统的传承、网游、孝文化、底层百姓的生存状态等。从小处入手，小中见大。寓理于事。
总结：立意要正确、中心集中、思想深刻

↓

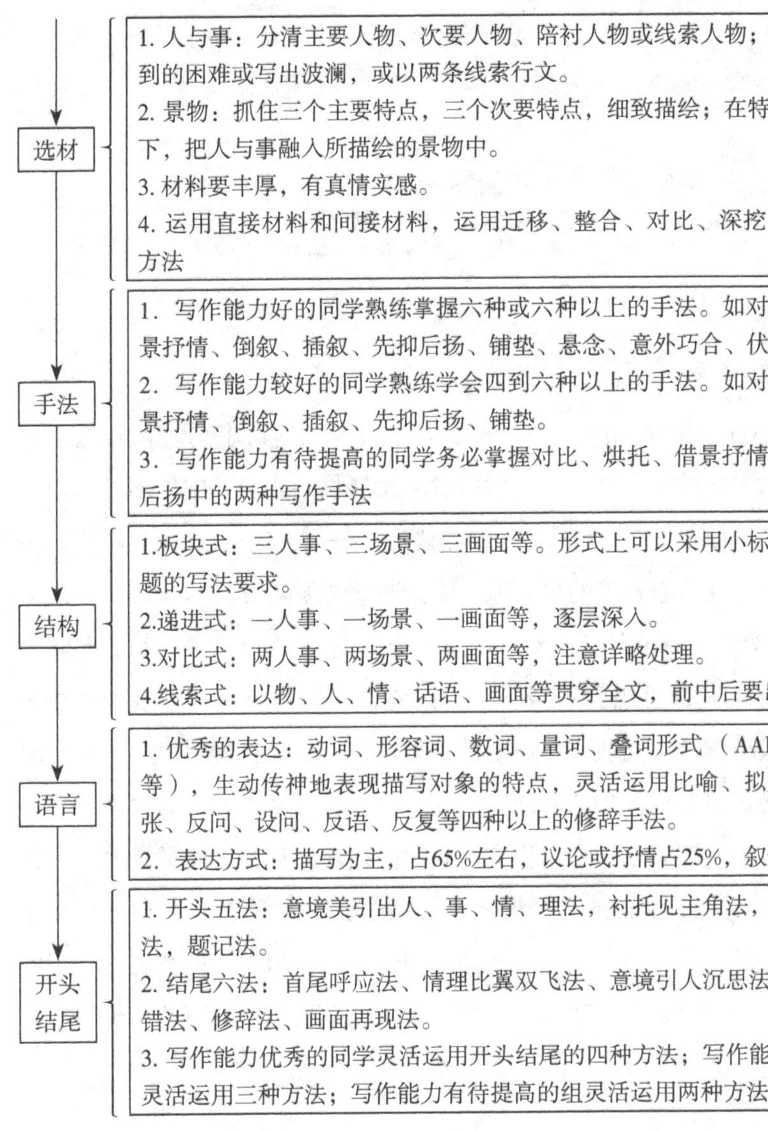

图1　作文思路图

总的说来，“有序”的课堂有助于学生更加集中注意力，理清知识结构和逻辑，减少学习时的混乱和困惑，从而提高学习效率。教师可以有计划地引导学生逐步深入学习，从基础知识到拓展应用，培养学生的高阶思维和问题解决能力。有序的课堂可以减少学生的学习压力和焦虑感，使学生更容易应对学习挑战，从而提高学习动力和学习成就感。

“有新”的课堂

21世纪是日益聚焦国际治理、价值观培育、创新需求的时代，这个时代对教育提出了新的要求。正如《中国学生发展核心素养》中提出的那样，“实践创新”已成为新时代教育的重要内容。这一素养需要靠课堂落实，而作为培养学生发展核心素养的主阵地，语文课堂必须创新。

“有新”为慧美课堂注入时代的、生活的、思维的新元素。慧美课堂要有新气象，离不开新思想、新做法、新探究，“有新”课堂中融入科技元素、智能化教学软件、互联网资源等辅助教学，让学生在学习语文知识的同时，也能接触到最新科技。“有新”的课堂需要新技术，如纸等课堂、希沃白板教学、平板；“有新”课堂讲究对教材的创新处理，实现学科融通，将历史、地理、生物等学科的内容融入语文教学；教材处理有新意，从文化的、人性的、民族的、信仰的、科技的不同角度培养学生的创新意识。还要引入多元的评价，如师生、父母、社区评价，让学生能在更新的评价体系中增强更多的认同感。“有新”的课堂主要有以下几点。

一、学习内容有新意

毕淑敏有一篇散文《常读常新的人鱼公主》，讲述作者六读中都有的新理解。由此可见，具有新意的解读或设计可以提高课堂的活力，举个例子，学习《雨的四季》时用字数增加的方式完成学习，如：①用一个字概括雨的总体特征；②用两个字概括作者对雨的情感；③用三个字概括本文的结构特点；④用四组词概括四季雨的特点。

“一千个读者就有一千个哈姆雷特”，学习《孔乙己》后，我们也来看看我们心中有多少个孔乙己？学生回答出了孔乙己眼中的孔乙己，丁举人眼中的孔乙己，掌柜眼中的孔乙己，看客们眼中的孔乙己，孩子们眼中的孔乙己，我眼中的孔乙己，文学史上的孔乙己，文化意义上的孔乙己，人性中的孔乙己……一石激起千层浪，学生纷纷发言，一改以前满堂灌的形式，让学生主宰课堂，教师观念的变化让课堂焕发新的活力。

再举个例子，学习郑振铎《猫》这篇文章，设计这样的问题：面对这宗冤案，请你结合文章的主旨，替明理律师事务所拟写一份80字左右的警言。学完《智取生辰纲》，可以请学生结合《水浒传》为杨志写申辩文书。

我们还可以采用学科融合的方式，将地理、历史、语文学科知识融为一体。学习《曹刿论战》时，可以要求学生完成以下学习任务：从地图上看，鲁国取胜的原因有哪些？结合文本，你得出怎样的战术思想？我们还可以根据图片或画面，让学生完成学习任务。如我执教《范进中举》时，利用十三幅连环画让学生复述课文情节，以直观法、画面法增加新元素。

由此可见，通过创设情境、问题导向、跨学科整合，探究式学习等方式挖掘学习内容的新意，提高课堂的活力。

二、教学设计有新意

在教学的花园里，有新意的教学设计犹如一朵绚烂的花朵，绽放出诸多令人陶醉的价值。它是一颗激情的种子，埋入学习的田野，唤醒了学生内心深处的求知欲望。精巧的设计点燃了学习的火焰，让课堂充满了令人心驰神往的光彩。有新意的教学设计不仅能够吸引学生的注意力，创造出趣味性和吸引力，从而激发学生对学习的兴趣和主动性，还能提供更多的互动和探索性学习机会，帮助学生更深入地理解和掌握知识。有新意的教学设计常常面临不同的挑战和问题，学生需要动脑筋解决这些问题，从而培养问题解决能力。有新意的教学设计能够为学生提供更加积极、有趣和富有挑战性的学习体验，帮助他们全面发展，并为未来的学习和生活奠定坚实基础。如何让教学设计有新意，我认为学生参与度高、学习活动多元化、教学资源创意与应用好、跨学科整合度强的设计能吸引学生。再举个例子，读完《钢铁是怎样炼成的》后，设计以下作业：①如果保尔有微信号，你觉得他的昵称会是什么；②如果保尔要成为我们的科任教师，他最有可能成为哪一门学科的教师？如让学生将《皇帝的新装》改为情景剧；向父母咏颂古诗歌；学完五言律诗后写一首五言律诗；学习《活版》后用图案的形式介绍本文内容等。下面几幅就是学生学完《活版》后的图案作品。

图3　学生作品

三、激励有新招

学习，如同探索未知的宝藏，蕴含着无穷的奇迹与智慧。而学生完成学习任务，犹如勇敢的航海家，在汪洋大海中驾驭帆船，探索着知识的浩瀚海洋。这一简单而却庄重的行为，蕴含着深远的意义与巨大的价值。学生完成学习任务是实现学习目标的关键一步，也是通向知识远方的必经之路。但是学生在完成学习任务时往往会遇到这样或那样的阻碍，教师必须用许多新方法帮助他们完成学习任务。以下是常见的调动学生完成任务的招数。

游戏法：将学习任务设计成有趣的游戏，增加互动和竞争成分，让学生在轻松愉快的氛围中完成任务。

项目学习法：通过开展综合性的项目，让学生在探究和解决问题的过程中完成学习任务，培养学生的实践能力和合作精神。如传统戏剧——粤剧的学习就可以采用项目学习法。

倒置式教学法：先让学生预习学习内容，再在课堂上进行深入讨论和实践，提高学生对知识的理解和应用能力。教师提供预习学习内容，课堂上师生合作提升。

多媒体教学法：利用多媒体技术，如视频、动画、音频等，呈现学习内容，增加视听体验，提高学习吸引力。我在讲古诗文时，常常将《经典咏流传》或名家解读视频呈现出来，吸引学生兴趣，学生往往能够较快完成学习任务。

情境模拟教学法：利用情境模拟，创造沉浸式学习体验，让学生身临其境，深入理解学习内容。如“杨志将梁中书的生辰纲弄丢之后被捕入狱，现由你担当杨志的辩护律师，请你结合《智取生辰纲》和《水浒传》的内容，为杨志写一份无罪辩护词”。

个性化学习法：根据学生的学习风格、能力和兴趣，量身定制学习任务，提高学习效果和学习动力。这种方法多用在写作教学，因为学生写作水平有差异。

社交化学习法：通过社交媒体、在线论坛等平台，让学生在交流和分享中完成学习任务，促进彼此学习的互动与合作。如学习了八年级下册第四单元四篇演讲稿后，举行班级演讲大赛；或建立班级公众号，或采用小视频发布学习成果等。

故事化教学法：将学习内容融入故事情节中，激发学生的想象力，让学习变得生动有趣。如“我来说《水浒传》中的‘最故事’”，如其中最忠心的人，最智慧的人，武艺最高强的人等。

艺术表现法：通过绘画、创作、演讲等方式，让学生用自己的艺术表现完成学习任务，增加学习的情感投入。如为《经典常谈》做一份宣传海报。

实地考察法：带学生到实地进行研学，将课堂知识与现实场景相结合，让学生更深刻地理解学习内容。如八年级下册第五单元《壶口瀑布》，由家长或学校组织学生到壶口研学。

问题导向学习法：引导学生提出问题，并通过学习来解决问题，培养学生的批判性思维和问题解决能力。学习九年级上册第二单元即议论文单元，请学生写一份议论文阅读指南。

跨学科教学法：将不同学科的知识融合在一起，构建学科之间的联系，帮助学生形成全局观念。如结合《西游记》原文设计以下学习活动：

1. 通过阅读《西游记》的相关章节，分析主要人物在旅途中所经历的地理环境。学生可以绘制地图，标注取经路线，并解释不同地理景观对人物和情节的影响。例如，长江、黄河、天竺等地方的意义。

2. 研究《西游记》中所涉及的历史事件和人物，如唐朝时期的政治、文化背景，以及历史上真实存在的人物等。学生可以在团队中扮演角色，重现历史场景，增进对历史时空的理解。

3. 选取《西游记》中的经典片段，进行朗读或改编成小剧场表演。在表演中，学生将尝试将小说中的情节和意境呈现出来，培养表演和解读文学作品的能力。

四、板书有新意

图表、图像、关键词和重点概括等有新意的板书将教师的讲解和学生的笔记可视化，不仅有利于学生更好地理解和吸收知识，还有利于学生理解复杂的概念和信息。教师可以在板书上强调重要的知识点和关键信息，帮助学生更好地理解课程内容的重点和难点。有新意的板书布局和排列，可以将知识结构化，帮助学生理解不同知识之间的关联和逻辑。有新意的板书可以展示解决问题的步骤、示范写作、绘制图表等，为学生提供范例和参考；也可以有效地传递信息，减少教师与学生之间的沟通障碍，提高教学效率。（学生亲自设计板书，这不但加深了对知识的记忆，还可以帮他们更轻松地掌握和温习相关内容。）

举个例子，在《走一步，再走一步》教学中采用“上山下山”的板书形式，将内容 呈现（引导学生提取过程中相应的心理活动词语）；还可以用波浪线将“我”的情感起伏的事情表现出来，从而让学生清晰地看到“我”的情感变化过程。直观的方式可以有效地带领学生探究“我”的心理变化过程和背后的价值。

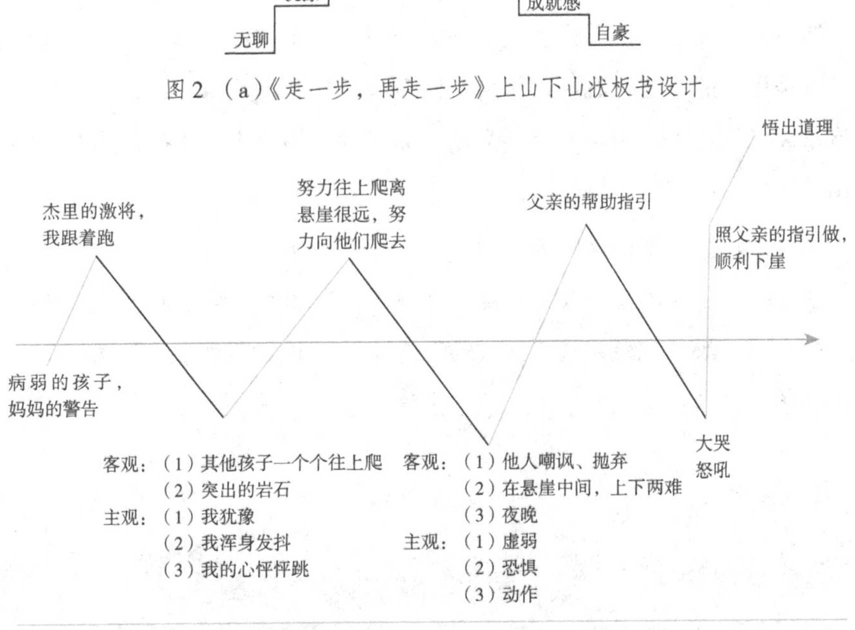

图2　(a)《走一步，再走一步》上山下山状板书设计

图2　(b)《走一步，再走一步》波浪状板书设计

五、评价方式有新元素

教学评价是教育领域中至关重要的一环，它涵盖了对教学过程、学生学习成果和教学效果的评估和反馈。教学评价的意义在于为教师提供了一个客观的反馈渠道，让他们了解自己在教学过程中的优势和不足。教师可以根据评价结果对教学方法、教材选择、课堂组织等方面进行改进，从而不断提高教学质量。教学评价还可以鼓励教师尝试新的教学方法和策略，促进教学创新。

教学评价不仅反馈给教师，也能让学生了解自己的学习情况。及时精准评价反馈可以激发学生的学习动力，让他们发现自己的优势和不足，并在学习中不断提高。尤其是对学生的评价更应该与新课标接轨。

多元化的评价方式，不仅注重学生成绩的评价，还重视学生的思维能力、创新能力和实践能力，多元化的评价有助于全面了解学生的学习情况和个性特点。举个例子，表扬也是一种评价，既可以进行表现性评价，如最近的作业，课堂参与，专注度等都可以表扬，还可以进行过程性评价或学业评价。如可以就阅读《西游记》过程中的积极性、主动性进行评价。表扬学生也可以采用新的方法，既可以用传统的口头表扬、发奖状的形式，还可以在微信里表扬，也可以用家校直播表扬，简笔画表扬，集体表扬，师友共同体表扬等。我们还可以设计评价量表，让评价更加直观。

如以《钢铁是怎样炼成的》为例，设计以下任务：

任务一：自主收集与《钢铁是怎样炼成的》相关的学习资料。

任务二：给《钢铁是怎样炼成的》各章拟小标题。要求：①概括章回内容；②语言精练；③有利于快速掌握情节。

表1　三性评价下的拉网式通读评价表

评价指标（总分100分）	评价标准描述	A（100%–85%）	B（84%–75%）	C（74%–60%）	D（<60%）
收集资料的主动性及多样性（30分）	是否主动积极收集资料，是否和他人积极分享	能够主动积极收集，兴趣浓厚，资料很丰富，种类多，很有价值，并能积极主动地与他人分享	能够主动收集，收集兴趣较浓厚，种类较多，比较有价值，能积极主动地与他人分享	兴趣较浓厚，但资料较少；较少与同学、家人分享读书内容	不愿意收集，资料很少，不与同学、家人分享读书内容
阅读时的专注性（30分）	阅读时是否专注、持续，阅读时是否记下思考，是否沉浸书本中	能连续阅读60分钟以上，不时地在书本上圈点勾画、批注或摘抄学习等	能连续阅读40分钟以上，能在书本上圈点勾画、批注或摘抄等	能连续阅读20分钟以上，能在书本上圈点勾画、批注或摘抄等	连续阅读20分钟以下，不动笔，眼神游离，注意力不集中
提取信息的准确性（40分）	阅读时能否进行信息的提取	阅读过程中能够自觉主动地进行信息的提取，并且做好笔记，笔记完整	阅读过程中能够进行信息的提取，并且做笔记，笔记较完整	阅读过程中能够提取信息，只标注，不做笔记	阅读过程中不能进行信息的提取，不标注，不做笔记

又如：读完《钢铁是怎样炼成的》后，请根据评价标准完成下列任务。

专题一：给这位主人公写一个小传，自拟题目，不少于600字。要求：①结合人生经历；②人物形象分析完整、全面；③语言简洁、事例具体。

专题二：《钢铁是怎样炼成的》是一部内涵极其丰富的作品，引起我们对生命、亲情、友情、爱情、战争、英雄等的思考。请以"《钢铁是怎样炼成的》带给青少年的启发"为题写一篇不少于600字读后感。

专题三：请你从思想价值、文字（写作）价值、文学价值、文化价值、现实价值等方面为《钢铁是怎样炼成》写一篇关于该名著价值的论文。题目自拟，不少于800字。要求有观点、有材料、有分析、有结论。

表2 评价量表

维度	评价指标（满分100分）	自评（30分）	小组评（30分）	师评（40分）	总评（100分）
文体	文体特征是否鲜明，任务成果是否体现文体的知识特性				
思维	是否体现思维的层级和思维进阶性				
价值	是否从不同角度挖掘价值				

采用新的评价方式既是新时代的要求，也是时代使然。不仅要评价教师的讲解精彩度，更应注重学生的参与度；还要引入多元的评价，如师生、父母、社区评价，让学生能在更新的评价体系中获得更多的认同感。

综上所述，内容、设计、板书、激励、评价都能赋予课堂新的意义、促进学生的学习动力、创造力和综合能力的发展。“有新”的课堂是教育领域的宝贵财富。

“有方”的课堂

台湾学者黄炳煌说：“打高尔夫球——只要自己打得好即可；打网球——还要留意对方，有来有往；打篮球——还要兼顾团队成员的合作。”不同的教学内容也应该如打球一样，采用不同的打法。概念性的知识需要教师讲授和阐明即教师搭台教师唱，这是高尔夫球打法，学生不懂但自己看教材概括与提炼知识，教师只是检查即教师搭台学生唱，这是网球打法；教师讲了也必须通过实践才能用的知识及师生搭台师生唱，这是篮球打法。这实际上对教学方法提出了要求。“方”是指方法、做法，既包括教法，也包括学法。教法是学法的样子，学法是教法的影子，得当的方法会最大限度提高学生的学习效率，最大限度发掘学生的潜能。所以教学有方便是对教师的专业的高度评价。学生从教法中学到高效的学习方法，便是对教法最好的注脚。

一、教有方，引入新课有方

新课可以激发学生的好奇心和求知欲，增加课堂的吸引力和活力。同时，新内容还有助于学生适应社会发展的需求，培养学生的综合能力和创新思维，提高学习兴趣，增强学习动力，提升教学效果，创造积极的学习氛围。新课的引入就有十分重要的作用。教学中常采用以下方法引入新内容。

惊奇法：通过提出一个引人入胜或与学生经验无关的问题、情境或故事，引起学生的好奇心和兴趣，激发他们主动参与学习。如讲《社戏》时介绍鲁迅：“你知道吗？鲁迅还是一位出名的服装设计师呢。”

故事法：通过讲述一个生动有趣的故事，将新知识融入其中，使学生能够在情境中感受和理解知识。

视觉展示法：使用图片、视频、实物或多媒体展示引入新课的内容，增加学习的趣味性和直观性。如播放电影《建国大业》中闻一多先生的演讲片段引入《最后一次讲演》的学习。

提问法：通过提出问题或谜题，激发学生思考，引导他们尝试寻找答案，从而引入新课。如用谜语“会飞不是鸟，总在树上叫。夸口全知道，其实不知道”引出法布尔《蝉》的学习。

复习联系法：通过复习已学知识，将新课与之前的知识联系起来，帮助学生理解新知识的重要性。如“七年级我们学习《诫子书》，让我们感受诸葛亮对儿子的谆谆教导，今天我们学习他作为忠心耿耿臣子的一篇文章《出师表》，不同的角色让我们对诸葛亮有一个立体的了解。”

比喻类比法：通过寻找与学生生活经验相关的任务，将新知识与已知事物联系在一起，帮助学生更好地理解和接受新课内容。如“小时候，我们春天在院子里追赶鸡鸭，夏天在池塘里摘荷花，秋天在田野里疯跑，冬天在雪地里滚雪球。鲁迅的童年也应该和我们一样充满趣味吧。今天我们从《从百草园到三味书屋》中寻找鲁迅和我们一样的趣味童年。”

引用名人名言法：引用名人名言或有趣的事例，引发学生对新课内容的思考和探究。如“‘老骥伏枥，志在千里’是曹操的诗句，他的诗歌豪放大气，他的《观沧海》同样写出他胸怀天下、气势磅礴的进取精神。”

小组合作法：让学生以小组形式探讨一个问题或完成一个任务，通过合作与交流引入新课，激发学生的学习兴趣。如学生先自学《爱莲说》，然后用小组合作的方式找出课文的文眼。

无论使用哪种引入新课的方法，教师应根据教学目标、学科性质和学生特点灵活运用，确保引入环节能够有效激发学生的学习动机，为后续的学习打下坚实的基础。

二、教有方，在教法中浸润学法

（一）教给学生学习的方法

学习的方法是学生通过模仿教师的教法得来的，教法常常暗含了学法、如概念性的知识应该用精准简洁的语言讲清概念的核心，阐述概念的特点、用途等。如在讲“插叙”这一知识点时，重点强调插叙是在主体事件叙述中插入一个或多个生动、形象、完整的故事。我以《杨修之死》中的“花园门事件”“分食酥饼”事件为例，具体阐述插叙的特点，然后要学生写一篇有插叙手法的文章，采用了“分析具体篇目——弄懂定义——学会运用”的教法。

（二）运用恰当的方法、策略完成学习任务

教有方还指在课堂教学中能够运用恰当的方法，策略，调动学生的学习积极性，引导学生自主学习、研究性学习、小组合作学习，培养学生良好的学习习惯，达到预期的教学目标，优质高效地完成课堂教学任务。因此，教学有方，是课堂教学成功的重要条件。举个例子，指导学生背书，就有画面法、时空转换法、情感法、关键字词法、大意法等。

如指导学生背《狼》这篇文言文时，指导学生抓住“遇”“惧”“御”“杀”这4个字，结果20分钟有近60%的学生能流利背诵，25分钟又有20%的学生能流利背诵。指导学生背诵《岳阳楼记》“至若春和景明……”这一段时，则运用画面法背诵。让学生闭上眼睛想象一下有海鸥、沙滩、兰花、香草、阳光等构成的春意融融画面，然后再背，学生很快完成背书任务。

采用留白法背诵《湖心亭看雪》也收到较好的效果。只留引言或表示内容衔接的词，把重点语句、精美语句留出让学生完成补白，既是对内容的回顾，也是对文章行文思维的梳理。如：“崇祯……，……。大雪三日，……。是日……，余……，拥毳衣……，独往……。……，天……，……。湖上影子，……、……、……、……而已。到亭上，有……，一童子……。见余，大喜曰：‘……！’拉余同饮。余……。问……，是……，……。及……，

舟子喃喃曰：‘……，……。’”

（三）为学生提供可操作的支架

1. 分步解说，学生容易明白

学完《邓稼先》后，结合《感动中国》电视栏目，让学生为邓稼先写一份颁奖词。先以2021年写给杨振宁的颁奖词为范例，然后归纳写法。师生共同总结出如下技法：一要有情感。饱含情感，真挚赞美人物的事迹与精神，以达到以情感人的艺术效果。二要深刻。对人物事迹的评价，必须体现一定的深度，触及人物的精神内核，将人物的壮举提升到一定的思想高度。三要语言简洁。寥寥数句就可见人物神韵与风采。四要将叙述、议论、抒情融为一体的同时，将人物事迹、精神以及对人物的赞美之情有机融合在一起。分步解说，学生也很容易明白，这就是教有方。

如在学习《大自然的语言》时，请学生圈划表示研究物候学意义“首先”“此外”“还可以”的词语，进而延伸到《阿西莫夫短文两篇》，让学生圈点勾画文中的关键语句。师生共同归纳关键句特征。关键语句是推动文章行文的句子、点明文章主旨的句子、过渡性句子、总结性句子，表达方式上常以议论为主，句式上以陈述句或问句为主。

学生找出以下关键句。

不同科学领域之间是紧密相连的。在一个科学领域的新发现肯定会对其他领域产生影响。

在地球的其他大陆上也都发现有恐龙化石。

恐龙不可能在每一块大陆上独立生存。

是大陆在漂移而不是恐龙自己在迁移。

每隔一段时期，板块会将所有的大陆汇聚在一起，地球此时仅由一个主要陆地构成，称为“泛大陆”。

2. 在学生大脑中建立阅读模型

阅读建模是指对文本进行理解和分构，构建模型或系统来指导阅读。如在阅读事理说明文时，通过“初读明确说明对象→再读梳理关键信息→思维导图理清关联→明确文段具体作用→领悟作者所讲道理。”这一模型阅读这类说明文。

如七年级上册默读的方法，我们要把本册三、四、五单元研读透彻，才能找到正确的教法。我梳理如下：第三单元侧重默读感知的完整性，在保证一定速度情况下把握基本内容；第四单元侧重默读的重点在于勾画重点语句，把握文章思路；第五单元默读则侧重学会做摘录，勾画出重要语句或段落，并且在把握段落大意和理清文章思路的基础上，学会概括文章中心。三个单元让学生明确“默读”教学模型。

3. 教学做到有的放矢，循序渐进

以寓言《赫尔墨斯与雕像者》为例，首先要教学生如何读懂故事，即“知其然”，然后还要引导学生对寓意进行深度解读，也就是进一步探讨作者或寓言为什么这样说，即研究作者背后的社会意义与历史意义，走向寓意的文化阐释。

又如整合教学。整合教学不仅能让碎片化的知识变成整体性的知识，改变以往单篇教学的零碎感，还可以教学内容更加聚焦，教学环节更加紧凑。举个例子，对九上《行路难》《酬乐天扬州初逢席上见赠》《水调歌头明月几时有》三首古诗进行如下设计：品读《诗词三首》，请学生用一个字概括三首诗的内容。学生集中的答案为“愁”。教师接着追问：三位诗人因何事而愁？如何排遣愁？在愁绪中感悟到什么？引导学生认识到：面对人生的不得意，这三位诗人没有自叹自怜就此消沉，而是在苦闷愁绪中努力地寻找突破点和方向。这些精神通过传承、延续成为中华民族精神的一部分。通过整合的方式让三首古诗聚焦“愁”这一核心字眼，内容紧凑，目标明确。

4. 教学中要强调读后感，处理好“读”与“感”的关系

有感而发，重在“感”，而这“感”一定要真情实感。人的感受，很多时候是相通的，感受也会相互传染，引起共情。读的时候，不放过任何关键句、主旨句，细节处蕴藏的作者用心，只有抓住这些地方，才能更好地悟出文中所说的人生道理，悟出作者的心思用意。如果读议论文，要弄清它的论点，或者批判了什么观点，还要弄清论据和结论是什么，受到哪些启发；如果是记叙文就要弄清主要情节，有几个人物，人物之间的关系，故事发生的时间、地点、事件，当时的社会背景，以及揭示人物的什么精神品质，反映怎样的社会现象，表达什么感情，哪些细节感动你等。当这些问题逐一厘清时，就是读通、读懂了文章，这是写好感受的前提。然后教学生写好读后感的要义及要注意的地方。

指导学生写读后感，在实际写作中，往往会出现两种情况：一是以“读”代“感”，表现为写作过程中大段地引述所读的内容，“感”的部分只是匆匆而过，没有发表自己的感想和观点；第二种是“读”和“感”分离，表现在所发表的感想和所读的内容关系不是非常紧密。学生必须明确“读”是“感”的基础和前提。“感”是“读”的提炼与升华。先指导学生读懂、读好、读书自己的感悟再写。

三、教有方

“教是为了不教”是一句富有哲理的话。这句话强调教育的目的不仅仅是传授知识，更重要的是培养学习者的能力和智慧，让他们能够独立思考、解决问题，而不是依赖别人给予的答案。通过激发学生的学习兴趣和好奇心，让他们自己去探索和学习新知识，形成持续学习的习惯。归根到底是为学生指明学习的方向。

学有方指学生通过学习，掌握了学习的方法。一个“学有方”的人通常具备以下特点：学习目标明确，知道自己想学什么，有明确的学习目标和计划；学习方法有效，掌握科学有效的学习方法和技巧，能够高效地获取和整理学习内容；学习方法灵活，能够根据不同的学科和学习内容，灵活运用不同的学习策略和方法；具备独立思考和解决问题的能力，不完全依赖他人的指导；学习后能够及时反思和总结，发现问题并改进学习方法。

成为一个“学有方”的人并不能一蹴而就，它需要不断、实践和反思。常常要做到以下几点：一是掌握不同文体的学习方法，二是掌握不同学科知识的运用方法；三是知道学习的落脚点；四是将学到的方法运用到实践中去。（一节课一个主问题，一课一得，课课有得，得得相连，从而中获得智慧和学习的真谛。）如《孤独之旅》这篇散文化小说，心理描写非常出色，指导学生结合七年级上册《走一走，再走一走》的心理活动特征，总结心理描写的几种形式。

一是内心独白式，指把人物的思想活动和盘托出，呈现在读者眼前，常用人物“心中默念”和“自言自语”和“心里想”“感到……”“觉得……”“认为……”“回忆……”“思索着……”“想起……”的写法，这种方法可把心理活动写得细腻真切。如“我暗想我和掌柜的等级差得还远呢”“我心里默念道：‘这是我的叔叔，父亲的弟弟，我的亲叔叔。’”

二是梦境或回忆描写式，用梦境或回忆来表现人物的心理，会增添文章的抒情性和浪漫色彩。如“杜小康开始想家，并且日甚一日地变得迫切，直至夜里做梦看到母亲，哇哇大哭起来，将父亲惊醒。”

三是幻觉描写式。例如在《卖火柴的小女孩》一文中，作者写小女孩一次次擦燃火柴后的幻觉，既反映了小女孩的天真单纯、让人怜惜，又深刻揭露了资本主义社会的黑暗。

四是景物衬托式，人物的心理活动可以通过对景物的描写衬托出来，做到寓情于景，自然生动地表达出人物的思想活动。如“木船赶着鸭子，不知行驶了多久，杜小康回头一看，已经不见油麻地时，他居然对父亲说：‘我不去放鸭了，我要上岸回家……’他站在船上，向后眺望，除了朦朦胧胧的树烟，就什么也没有了。”衬托杜小康内心的迷惘与空虚。

五是描写方法式。通过对人物的语言、动作、表情的描写也可以揭示出人物的心理活动。如“杜小康闻到了一股鸭身上的羽绒气味。他把头歪过去，几乎把脸埋进了一只鸭的蓬松的羽毛里。”

通过一课一得的学习，我们更能理解“孤独”的含义，正如曹文轩《感动》中所说：“有些孤独，其实是我们成长过程中的一些无法回避的元素。我们要成长，就不能不与这些孤独结伴而行。”

四、教有方，还指个性化的帮扶

课堂应该注重培养学生的个性和独特性，尊重学生的个性差异，注重差异化教学，让每个学生都能在教学中找到自己的兴趣点和优势。这就需要教师在教学过程中注重个性化教学，根据学生的兴趣和特长进行差异化教学，从而提高语文的个性化。

有方的课堂离不开合作性。慧美课堂教学应该注重培养学生的合作意识和合作能力，鼓励他们与他人共同合作完成语文学习活动，共同分享成功和快乐。这就需要教师在教学过程中注重协作式教学，引导学生学会合作、学会分享，从而提高语文的合作性。可以组织小组讨论，前后左右讨论，甚至不同年龄的学生一起学习，不同班级一起学习，如《西游记》就可以将小学、初中、高中的孩子集中在一起开展读书分享会。小学生可以从初中生那里学到阅读时要细致，初中生从高中生那里学到思辨性，中学生又可以从小学生那里学到趣味性。

总之一句话，有方的课堂，要使教师想得清楚，说得明白；学生听得清楚，想得明白。

一堂好课的组成要素当然还包括了教学技巧和课堂管理方法，但是仅仅掌握一些教学技巧和管理方法是绝对上不出一堂有智慧的课的。智慧的课堂需要教师有深厚的学科修养，需要教师对教育、对课堂有深刻的理解。浓厚的学科修养需要积淀，深刻的课堂理解需要批判思维。

“有趣”的课堂

素养课堂离不开有趣。有趣的课堂是在幽默、生动、富于变化中掀起一次又一次融入科学性、时代性、生活性、历史性学习高潮的课堂。保加利亚心理学家洛扎诺夫说：“处于轻松、快乐的心理状态最有利于激发个人的记忆力，此时人接受信息的能力最佳，思维力最强，学习效果也最好。”“有趣”的课堂激发学生兴趣，持久的兴趣会变成乐趣、志趣、情趣、理趣。

一、“乐趣”——引发学生主动学习语文核心素养的乐感

学生在课堂上通过幽默的话语、有趣的现象，在开心、轻松、愉悦中体验感官之乐也接受学科知识。正如钱穆所说，在轻松愉悦中获得美的体验，获得‘富有哲理的人生之享受’。让学生体验精神之乐，这要求教师要从有趣的角度去组织教学内容。可以采用猜谜语、提问式、表演式等方法增强趣味。如用谜语“八字须，往上翘，说话好像娃娃叫，只洗脸，不梳头，夜行不用灯光照”进入《猫》的学习；用提问的方式“哪个人物最夸张？哪个情节最夸张？哪一处环境最夸张？”吸引学生进入《皇帝的新装》的学习；还可以请学生说说《动物笑谈》中最能引你发笑的事情。

我执教《骆驼祥子》时，要求学生用“三字经”的方式归纳整本书的故事情节。

学生的作品如下。

来北平，抢车源，攒百元，买新车，出东直，遭兵抢，偷骆驼，回人海，交刘管；受杨气，被虎骗；摔曹生，遭逼婚；助二马，遭孙抢；场主

换，买强车；烈暴拉，病一场；葬虎妞，别福子；遭夏诱，拒载刘；回曹宅，福子死，无念想，卖阮明；当衣物，死魂灵。

这样的归纳，既展现了整篇课文中最有价值的成分，学生也会从中获得乐趣。

我执教《钢铁是怎样炼成的》时布置了这样的学习任务。

读完《钢铁是怎样炼成的》之后，保尔决定发五次朋友圈。现在请你给保尔设计图片及文案。结合全书，你觉得哪些人会为保尔的朋友圈点赞和评论？这些人会如何评论？

初读《邹忌讽齐王纳谏》后，我要求同学编“门庭若市”的成语故事。

乐趣课堂，犹如一幅绚丽的画卷，将教育的奇迹娓娓道来。在这充满生机和创意的殿堂里，知识不再枯燥乏味，而是化作了一颗颗晶莹剔透的明珠，吸引着学生投入其中，引发学生主动学习的乐感。当教师在教学时凸显高层次学科素养，展现学科中最迷人、最有价值的成分时，学生不但会被吸引，教师自己也会融入教学，体验到愉悦感和成就感。

二、“兴趣”——激发学生探究学习语文核心素养的趣感

心理学中将兴趣定义为“一个人力求认识、体验某种事物或从事某种活动的心理倾向”。“力求”这个词很重要，它体现兴趣基于乐趣又超越了乐趣，兴趣更强调“主动地追求”，学生有了学习的乐趣就有了“主动”学习的意愿，形成了努力“追求”的学习状态。主动追求的过程有可能是艰苦的、充满挑战的，但因为兴趣的存在，学生能感受到心理上的满足与幸福，这就是兴趣最大的价值。从学生兴趣入手设计学习任务，使学生学起来兴致勃勃。

《从百草园到三味书屋》对于初一的学生来说篇幅较长，我执教时要学生就“鲁迅的童年是没有趣味的”与“鲁迅的童年是有趣味的”，结合文本具体内容，展开辩论会。学生积极地沉浸在文章中，寻找“有趣”抑或“无趣”的依据。

再如读《钢铁是怎样炼成的》，请同学概括与“枪”有关的七件事。这

一设计极大地激起了学生的兴趣，尤其是男生，马上在课文中寻找与“枪”有关的章节。

又如《朝花夕拾》中，鲁迅先生描写了许多事，有趣事、雅事、正事、家事、坏事，请学生们谈一谈，哪些事情你也做过。

以专题博客“旧北京人力车夫的辛酸故事”的形式完成祥子的简介。

再如唐僧师徒四人取经回来后，天子准备论功行赏。请同学为他们叙写功劳簿，并为他们排座次，并说说理由。

兴趣是最好的教师，有了兴趣，学习任务也会很快完成。

学习的星空中，兴趣犹如一颗明亮的北极星，带领学生穿越知识的浩瀚海洋。它是探索学习语文核心素养的魔法钥匙，打开了学生心灵的奇妙之门。在兴趣的陪伴下，学习语文不再是乏味的任务，而是一场奇幻的探险之旅。兴趣是激发学生探究学习语文核心素养的源泉。当学生对语文产生浓厚的兴趣时，学习变得像放飞的风筝，自然而然地飞翔在知识的天空中。兴趣让学生怀抱着探索的心态，主动去探究文字背后的奥秘，体味语文之美。

三、“情趣”——引导学生追求语文核心素养的情感

（一）“情趣”是课堂的落脚点

教学是科学，也是艺术，这其中有文化熏陶、有情感触动，也有美的体验，这些就是情趣的来源，它体现了课堂的品位和追求。

1. 关注情感寄托物

我在执教八年级下册第一单元《社戏》时要求学生完成以下学习任务：课文直接写社戏的内容少，但与“船”“戏”“豆”“人”相关的内容却不少，请你围绕与这四个物件有关的有趣的事情，说说情感。请从民俗、地域特色、人性说说你的情感体验。

2. 留心与文体风格迥异的词句

《老王》是一篇质朴的散文，但文章最后一句“那是一个幸运的人对一个不幸者的愧怍”中“愧怍”一词却很典雅。我们可以具体分析这个词语的含义，从而分析作者情感的复杂性。结合作者的人生经历，我们可以分析

出杨绛对老王同情，但老王把杨绛当作是亲人，而在杨绛眼中，老王只是弱者，二者情感不平等，所以作者愧疚。这一方面表现了知识分子的自省精神；另一方面还有作者对人生、对社会的深沉思考：幸运与生俱来，毫无道理可言，使人愧疚，面对那虽不幸而有情有义的善良人的赋予，我们这些幸运儿应该明白——这是没有道理地占有了比别人更多的幸福，无论如何，对此我们都必须要心怀愧疚，不能得势张狂。“愧怍”一词便是知识分子对自己的灵魂拷问。

3. 挖掘表达中含义反差的词语

如《阿长与〈山海经〉》中“仁厚黑暗的地母呵，愿在你怀里永安她的魂灵”一句中的“仁厚”与“黑暗”“地母”是含义反差较大的三个词，为什么会用在一起呢？联系上文，我们知道阿长对小鲁迅的关心、细心与真心是纯粹的，不含杂质的，所以赢得了鲁迅发自内心的敬爱。因此“黑暗”在这里肯定不是贬义了，应指的是那种娘胎里、襁褓里、母亲怀里的被包裹的、温暖的、宁静安全的、甜蜜而充满爱抚的保育箱的感觉；“地母”可以是神，也可以是地球、自然，就是大地母亲，是人类生命的起源地。让充满母爱的阿长的灵魂在慈爱安稳的大地母亲的漆黑静谧的怀抱里安静地长眠，这不是对这美好灵魂最好的祝福吗？又如为什么小鲁迅的爸爸妈妈不给他买《山海经》呢？我们斟酌事件背后的情感倾向，也会有新的收获。结合《朝花夕拾》的内容，小鲁迅十分想去看五猖会，但父亲仍然要他背《鉴略》可以看出父亲看重的是学业、功名。而阿长尊重小鲁迅的天性，可想而知在鲁迅心中阿长的分量该有多重。再如《简·爱》中简的呐喊“你以为我贫穷、低微、不美、渺小、我就没有灵魂。没有心吗？”四次出走背后是渴望爱，但从不乞求爱；追求爱，但爱得有尊严；忠于爱，但敢于回归爱的情感历程。《孔乙己》中的教学则可以围绕“大约”“的确”进行教学文中哪些为证实“大约”，哪些事证实“的确”。

（二）带领学生发现情感之美

在文本与现实中以情趣带动课堂，推动学习。如《皇帝的新装》中，我们给出系列链接材料。

链接材料一

潘延在《安徒生在中国》中写道：人们由于怯懦，由于害怕自己的行动跟所有的人不一样而遭到排斥，往往不敢说出真相，这种害怕被集体抛弃的“从众心理”是普遍存在的，是人性的弱点和虚荣的一面。所以为新装唱赞美词的不单是那些不愿失去权位的王公大臣，还有平民百姓。

链接材料二

我们还可以勾连历史《史记秦始皇本纪》：“赵高欲为乱，恐群臣不听，乃先设验，持鹿献于二世，曰：‘马也。’二世笑曰：‘丞相误邪？谓鹿为马。’问左右，左右或默，或言马以阿顺赵高。”

链接材料三

1958年，我国有一场轰轰烈烈的大跃进活动，许多新闻都报道有些地方农民水稻的亩产已经达到了十几万斤。这样的事情在今天也还在发生。21世纪初的量子阅读荒唐事件及2023年“指鼠为马”事件不还在上演吗？正如傅书华《面对精神麻醉的反省》中所说：“要真正改变现实生活中的荒谬、虚假、丑陋乃至欺骗、不合理的事情，我们还有很长的路走。还要慧眼更需要慧心。”

结合文本、现实探究情趣，增加课堂的情感厚度。

慧美语文情趣课堂将语文融入了生活的点滴，学习不再是一场孤寂的旅途，而是一次用情感心灵的对话，与作家对话，与历史交流，与文化碰撞，与现实对话。对话中，心灵得到了丰盈的滋养。激发学生对语文的热爱，让他们在文字的花园里品味美的滋味，感受思想的深邃，成为有情怀、有内涵的未来之星。

情趣课堂的它不仅是培养学生语文核心素养的关键，更是磨砺他们品味人生的瑰宝。在这样的课堂里，学生得到心灵的洗礼，收获智慧的滋润，成为热爱生活、有情怀、有格调的优雅人生的缔造者。

四、“理趣”——引导学生追求语文核心素养的哲理之美

“理趣”简言之，表现哲理的审美情趣，包含了道与理的精妙意味。学

生的成长是由感性迈向理性。最后成为一个情理兼备的人。所以教者在课堂中只要稍加引导，学生就会有所体悟，被课文中的理趣吸引。常见的做法是要求学生认真阅读，画出富有哲理性的句子，加以理解体会。

（一）理趣，从教学内容中生发

文章的理趣，既是为表达思想感情服务的，也是思想感情表达的艺术效果。作者的思想感情决定了理趣的性质、品位、风格。把握了文章的思想感情，就能从文章的整体上，从较高的层面上，关照和品析理趣。阅读中，如果忽略整体感知文章的思想感情，便不能准确地判定和品味文章的理趣。

初中教材常常通过描写景物的方式进行说理。例如，贾平凹《一棵小桃树》中描写桃核埋在角落里萌发嫩绿萌芽，样子猥琐，被人忘却的二尺来高；再后来和墙院一样高了，却被猪拱折；开花的时候却遭大雨，花虽零落但不停挣扎，高高的一枝上保留着一个欲绽的花苞等，不仅写景，更重要的是蕴含哲理，并且结合了作者出生在偏僻落后的山村小院，生活贫苦，天地狭小，孤陋寡闻；后来离家出山，进城读书，感到自己渺小，但想干一番事业；长大后，方知人世复杂，感到自己太幼稚、太天真，遭受种种不幸的人生经历。读者从中品味到小桃树的成长经历与贾平凹成长经历的非常相似，“人只要不屈不挠地奋斗，定会战胜磨难，创造出美好的未来”，作者将人生哲理融入景物描写。教材中像这样的例子可以顺手拈来。

（二）理趣，从课堂生成中探求

因为理趣激发学生的好奇心和求知欲，使他们对学习产生浓厚的兴趣。可以创设有趣的情境。如在教学过程中，尝试通过故事、实例、悬念或挑战性问题创设有趣的情境，引发学生的思考；还可联系实际应用：将学习内容与实际生活和应用场景联系起来，让学生的个人经验、背景和文化背景与文本进行联系，课堂探求中产生理趣。

“有用”的课堂

学以致用是学习的最终目标，有用是检验学习的最重要的标准。“有用”课堂是指在学习和教学过程中能够达到预期目标并有效促进学生全面发展的课堂。有用的课堂包含两个元素：“知识”与“智慧”。犹太人认为，智慧与知识不一样，拥有知识说明你“知道”，而智慧是你如何把你知道的东西和日常生活结合起来，智慧指向实用。学是为了用，能解决眼前的问题，也是为解决今后的问题打基础。有用的课堂呈现以下特点。

一、指向学生认知的薄弱处

学习的过程就是由已知迈向未知的过程，课堂应该促使学生发现认知的薄弱处。当前初中古诗文进行出现把背景的历史性叙述当文化，把主题的扩展性提升当文化等误区。古文教学应引导学生如何多层面地学习、传承中国传统文化，应了解古文如何体现民族精神，应了解古文的思维方式有何特点等。

我在执教《关雎》时告诉学生，“君子”成为后代高雅、有才、尊重如性的文化象征；而“淑女”则代表文静、美好、勤劳；“琴瑟和鸣”是“琴瑟友之”的延续。“君子”与“淑女”既成为后世择偶的标准，也成为男女道德准则。

如《曹刿论战》中鲁庄公回答“衣食所安……必以分人”曹刿却说：“民弗从也”，“人”与“民”答非所问。我们需要将“人”与“民”的含义彻底弄明白才能理解“人”与“民”中的文化内涵。“[illegible]”（民）甲骨文中的“民”字上部像一只眼睛，下面像一根针刺向眼睛，导致目盲，“民”地位极其低下，或是有罪之人，或是战争俘虏，或是奴隶。梳理七至九年级中有关“民”与“人”的篇目及语句。

如：《邹忌讽齐王纳谏》“群臣吏民能面刺寡人之过者，受上赏”，《陈涉世家》“从民欲也”，《岳阳楼记》“居庙堂之高则忧其民”，《醉翁亭记》“与民同乐”，《得道多助，失道寡助》“域民不以封疆之界”，《富贵不能淫》“得之，与民由之”等。这些内容成为中国文化“民本思想”的延续。而“人”专指地位高的贵族统治阶级。继续深入学习，引导学生结合《唐雎不辱使命》中“士”的内涵，体会“士人”既自尊也爱名节，重义轻利，更向往立功、立德、立言；以身许国，论万世不论一生；敢为天下倡，为民发声发言。诗词文赋是汉字的演变史，还是文学史，更是文化史。

由此可见，指向学生认知的薄弱处的课堂，能快速地弥补知识的缺陷，将学科内的知识横向通联起来，也能将学科间的知识纵向通联起来。

再如整本书阅读中，我们常常只关注主要人物，忽略次要人物，我们需要重新审视认知的薄弱处。如《骆驼祥子》中有名有姓的人物近二十多个。可以这样设计：请学生从中挑选对祥子堕落起关键作用的四个人物。这需要我们对整本书的人物角色的作用进行仔细甄别，甄别的过程也是对认知的薄弱处进行了复盘的过程。最后形成比较一致的看法：老马、虎妞、夏太太、小福子这四个人物对祥子堕落起关键作用。老马与夏太太是大家容易忽略的人物，但通过重新审视，发现了这两个人的重要作用。因为老马让他对赖以生存的职业产生了动摇，夏太太毁灭了祥子的身体。

学生认知的薄弱处犹如清晨的微光，在茫茫知识的海洋中显得黯淡。这些薄弱的环节，又如花瓣上的露珠，急需我们精心呵护，才能让它们在知识的花园里绽放璀璨的光彩。正是因为这些薄弱之处，我们不得不停下脚步，耐心倾听，给予学生更多的知识支撑，让他们在学习的征途上勇往前行。

二、旨在解决实际问题

课堂教学体验的内容包括智慧体验、情感体验和价值体验，其优越性主要体现为内心体验的高峰性、学习成效的延留性和学习之后的反思性。让学生将所学（抽象）知识“还原”到生活现象和生活经验中就显得尤为重要。学习的目的就是为了，一是能解决自己的实际问题，如做自己情绪的主导者，做到遇河架桥，逢山开路；二是能帮助他人解决问题。如为小区写一份垃圾分类倡议书，制定五四青年节演出方案，用所学的知识劝慰竞赛失败的同学等。

读完《傅雷家书》有学生这样写道。

我从傅雷写给傅聪的书信“手插在上衣袋里比插在裤袋里更无礼貌，切忌切忌”中我学会了要做好生活细节；“如自己责备自己而没有行动表现，我是最不赞成的”让我学会行动先于情绪；“这问题希望你自己细细想一想，想通了，就得下决心更改方法，与俄文教师细细商量。一切学问没有速成的，尤其是语言”教会了我如何学习语言，以及该如何努力读书求学；“尽量克制感情，不要盲目恋爱；结婚：夫妻要相敬如宾，只有平静、含蓄和温和的感情才能长久”教会我对待感情要理智，虽然我是初中生，但我对恋爱婚姻有了初步认识，一个人品德最重要，时时刻刻要把国家放在第一位，用清澈的爱，纯粹的赤子之心对待生活。

这就是“有用”，让学生在实际中解决问题。

语文教育家钱钰雯主张整本书教学应该“注重启示性、注重实践性、强调学生的主体性”。启示性从小处说，是对一篇文、一本书的指导；从大处说，对一类作品阅读甚至不同体裁、题材的作品阅读方法的指引。实践性从浅处说是促进学生提炼出自己的见解，又让学生学会思考，形成自己的思考方法；从深处说是让学生学到经典思维模型，建立自己的思维模型，构建自己的思维体系，并能运用所学的思维体系解决实际问题。

以《钢铁是怎样炼成的》为例，设计以下学习任务及评价。

任务一 向同学、教师、家长展示自己的学习成果。要求：①形式多样；②内容丰富；③展示时语言得体、大方。

任务二 写一份学法报告。要求：①学法具体；②有指导意义；③报告中要体现“四读”过程及效果。

任务一主要指向解决生活中交流分享的实践能力，学生需要独自完成人际交流、项目策划、主题演讲等任务。任务二是对“四读”过程进行复盘，提炼出具有实战价值的学法指导。学生这样写道：“‘四读’其实就是从文字、文学、文化的维度读懂整本书，拉网、分拣、聚焦、延伸其实是具体的阅读方法。拉网注重信息的完整性、分拣看重信息的类属性，聚焦指向信息的本质性，延伸侧重实用性。”这两个任务都要求学生解决实际问题。

总的来说，旨在解决实际问题的有用课堂，让知识的种子不仅在学生心灵深处扎根，更在现实的土壤中开花结果。这样的课堂如同一扇启迪灵魂的窗户，让学生透过思考的镜头，看到问题的本质和解决的方向，将知识的火花熔铸解决现实难题的利器。其价值不仅在于知识的传递，更在于激发学生内在的潜能，让他们成为未来的掌舵者，引领人类航向更美好的明天。

三、提高学生的道德情操

学习的最终目的是成为什么样的人。培养什么人，是教育的首要问题。习近平总书记指出：“把青年一代培养造就成德智体美劳全面发展的社会主义建设者和接班人，是事关党和国家前途命运的重大战略任务，是全党的共同政治责任。”新时代新征程，我们全面贯彻党的教育方针，语文课与思政课融合，担负立德树人的重任，肩负起培养社会主义建设者和接班人的重要任务，教育引导青年学生自觉把个人理想追求融入国家和民族的事业中。习近平总书记指出：“青年时代树立正确的理想、坚定的信念十分紧要，不仅要树立，而且要在心中扎根，一辈子都能坚持为之奋斗。”青年理想远大、信念坚定，是一个国家、一个民族无坚不摧的前进动力。引导青年学生涵养道德情操，增强自我定力，矢志追求更有高度、更有境界、更有品位的人生，让理想信念在不懈奋斗中升华，让青春在创新创造中闪光。

有学生读完《西游记》后这样写。

一个人应该是不断成长的，孙悟空从石猴到美猴王，再到弼马温、齐天大圣、孙行者、斗战胜佛的过程就是从猴性到人性到佛性的转变过程，同时也是从无律到他律到自律的成长史。不管是谁，都离不开这个定律。我有时也会任性，但看完《西游记》我改了许多，回到家我先向父母问好，遇到误解也不恼怒，每天做好自己该做的事情。

学生学习《子书诫》后的读后感。

《诫子书》给了我无穷的力量。读到“静以修身”“非宁静无以致远”“夫学须静也”这样的句子时，感到宁静的力量最让人致远，因为宁静才能够修养身心，静思反省，找到人生的方向；看到“俭以养德”的语句时，想到要审慎理财，量入为出，不但可以摆脱负债的困扰，更可以过着有规律的俭朴生活，不会成为物质的奴隶，节俭的力量让人心境恬淡；“非淡泊无以明志，非宁静无以致远”告诉我远离名利，才能够了解自己的志向，这是操守的力量；“夫学须静也，才须学也”告诉我们宁静的环境，专注的平静心境助我们学有所成，学习的力量让人不平庸；“非学无以广才，非志无以成学”人生的投资要想增值先要立志和学习，学习才会让我增值，这是增值的力量；“淫慢则不能励精”凡事拖延就不能够快速地掌握要点。智能时代的到来需要我们快人一步，速度的力量总让人能脱颖而出；“险躁则不能治性”，太过急躁就不能够陶冶性情，生命中要做出种种平衡取舍，要“励精”，也要“治性”，这是性格的力量；“年与时驰，意与岁去”告诉人们时光飞逝如梭，意志力又会被时间消磨掉，“少壮不努力，老大徒伤悲”，唯有管理自己，善用每分每秒才是最佳方式，这是时间的力量。

这样的课堂价值在于将学生培养成具有高尚道德情操的综合人才，让他们不仅具备丰富的知识，更具备善良的品格和坚定的道德信仰。在面对人生的选择时，他们能够明辨是非，坚持良知，成为值得信赖的领袖与榜样。

在学海蓝波之上，有一片灿烂的课堂，其内核是学科的源头，熠熠生辉；其趣味是思维的摇篮，巧妙呈现；其秩序是知识的脉络，清晰展现；其创新是智慧的翅膀，勇敢启航；其方向是人生的指南，引领未来；其价值是实践的舞台，付诸行动。这便是“有核、有趣、有序、有新、有方、有用”的课堂，拥有“六有”精髓，点燃学子心中的梦想，让他们在其中获得自我成就。

“有核”的课堂，学科的根本知识是树立在心灵深处的灯塔。教师将核心知识有机地融入教学，宛如一颗颗珍贵的种子，扎根在学生思维的土壤。这样的课堂让学生深刻感受知识的深度与广度，不再受锢于应试，而是从内心理解学科的精髓。

“有序”的课堂，知识如水波一般潺潺流淌，清晰而有序。教师以条理清晰的教学计划，引导学生一步步拨开知识的迷雾，逐渐领略其全貌。在秩序中，学生不再迷失，而是把握思维的方向。

“有新”的课堂，创新之花不断绽放。教师勇于尝试新的教学方法，拓展学科的边界，让知识的花朵在不断绽放的探索中茁壮成长。学生也被激发了思维的创意，敢于质疑、勇于创新，为未来的发展铺路架桥。

“有方”的课堂，教师注重“教法”与“学法”。教得有技巧，学得有趣味。

“有趣”的课堂，教师将知识的羽翼伸展，呈现出多姿多彩的画面。巧妙的教学方法和活泼生动的教学内容，如一幅幅绚丽的图画，吸引着学生走进知识的奇妙世界。

“有用”的课堂中，学以致用的实践如一阵清风，吹拂着学生的心田。教师鼓励学生将知识应用到实际生活中，促使他们在实践中感受学科的真谛。这样的课堂让学生充实而自信，将学到的知识化为实践的力量。

下 篇

慧美语文教学之美

语文，是一门蕴含无穷魅力的学科，它是文字的舞蹈，是思维的翅膀，是心灵的归宿。慧美语文教学如同一幅绚丽的画卷，为学生带来了深刻的感悟和持久的记忆。学生在教师的指导下，从迷茫中走向明确，从模糊中走向清晰，从困惑中走向成熟。慧美语文让师生绽放出更加灿烂的光芒，形成了整合之美、细节之美、思辨之美、衔接之美和成长之美，这就是慧美语文教学之美的真谛。

整合之美体现了“问题中心”的教学理念。教育学家杜威认为，学习应该紧密结合生活实践，通过解决实际问题来提高学习效果。教师以学生的生活经验和兴趣为出发点，整合相关的文学元素和知识点，使学科知识和生活经验相互交融，形成一个有机整体。学生在这样的教学中感受到知识的实用性和生活的美好，从而激发他们学习语文的主动性和创造力。

慧美语文教学细节之美基于建构主义学习理论，强调学生的主体性和自主性，通过合作学习和情境化教学，让学生在主动构建知识的过程中发现细节、收获美感。

思辨之美体现了“启发性教学”理念。美国教育家杜威强调，教师不应只是知识的传授者，而更应是引导学生主动探索、发现问题和解决问题的导师。在慧美语文教学中，教师提出启发性问题，鼓励学生自主思考和发现，培养他们的批判性思维和创新意识。学生在思辨的过程中不断积累知识和经验，成为具有独立思考能力和创新能力的学习者。

衔接之美体现“学段贯通”的教育理念，将打通学段之间的壁垒，承前启后地衔接知识、能力、思维；学生在衔接的过程中，不断习得知识，成为能主动思考的学习者。

成长之美体现了“学生中心”教育理念。教育学家罗杰斯强调，教育应该以学生的需求和特点为出发点，关注学生的成长和发展。慧美语文教学中，教师以学生的个性和兴趣为重点，注重发现和培养学生的潜能和特长。在教师的引导下，学生在自我实现的道路上逐渐成长，养成了良好的学习习惯和优秀的道德品质，成为全面发展的人。

以下是“慧美语文”教学艺术五个要求。

整合之美——教学内容

细节之美——教学艺术

衔接之美——教学手段

思辨之美——教学思维

成长之美——教学意义

整合之美

语文课程整合是指将本学科课程内容重新梳理、组合，或将本学科与其他学科内容进行融合，改进课程结构和课程形态，创立相对综合的课程体系。课程整合的目的，就是为了改变知识的碎片化、点状化，单线性呈现的现状，帮助学生系统化、网状化、多线性掌握知识。教学中常采主题整合，单元整合，多部名著整合，读写整合等形式。

一、主题整合

相同主题多篇文本整合，不仅能让碎片化的知识变成整体性的知识，改变以往单篇教学的零碎感，还能让内容更加聚焦，教学环节更加紧凑。

如七年级上册课外古诗诵读中的《峨眉山月歌》《江南逢李龟年》《行军九日思长安故园》《夜上受降城闻笛》四首古诗，我们对这四首古诗主题进行整合。品读，理解诗歌大意，并思考用哪一个字可以概括四首诗的情感。

古诗歌的编排大多是多首古诗为一篇课文，这为整合提供了素材。如八下《唐诗三首》中《石壕吏》《茅屋为秋风所破歌》《卖炭翁》可从百姓的角度提炼一个“苦”字整合三首诗歌的主题，也可以从统治者的角度提炼出“暴”字整合三首诗歌的主题，还可以从社会现状的角度提炼出“乱”字整合三首诗歌的主题。

我们还可以跨单元跨学期跨学段对教学主题进行整合。如五年级《丁香结》与七年级《紫藤萝瀑布》就可以进行写景散文教学主题的整合。以“花中情”整合教学。

二、单元整合

同一单元内容的整合在教育教学中具有重要的价值。它能够提高学习效率，促进知识深度理解，培养综合应用能力和促进跨学科学习。通过整合同一单元的内容，学生能够更好地理解知识内在联系，发展综合性思维，实现知识的全面运用。因此，同一单元内容的整合是一种有益的教学策略，应该得到广泛的应用和推广

语文教材每个单元都有单元导读，单元导读的内容由“人文主题”和“语文要素”两部分组成。单元导读作为每个学习单元的开篇，起到了引导学生进入学习状态的作用。它通常通过简要介绍本单元的主题内容、学习目标和重点，帮助学生了解即将学习的内容，激发学生的学习兴趣和学习动力；还对本单元的知识内容进行简要概述，帮助学生建立起一个初步的知识框架。这样的框架能够帮助学生更好地理解学习内容中的逻辑关系和知识体系，有助于学生更加系统地掌握知识。我们可以根据单元导读内容确立整合教学的切入点，也可以自己另选整合教学的切入点。单元整合教学要有两个意识为时一要有文体意识，二要结合单元的核心内容。

举个例子，语文教材九年级上册第六单元有《智取生辰冈》《三顾茅庐》《刘姥姥进大观园》《范进中举》四篇古典章回体小说。可以根据核心内容设计一个整合问题：“请你用一对反义字把这四篇文章所描写的主要人物的性格特征分成两类。并根据文章具体内容说一说人物是如何体现这一对反义词的。”利用该问题带动整个单元人物形象的学习。学生默读完课文后很快就找出“智”与“愚”这一对反义词。教师引导学生从文本中找出具体情节进行归纳总结，请学生结合文本内容具体分析刘姥姥，刘备，吴用，晁盖等七人，杨志的“智”。师生共同研读归纳出以下答案：

刘姥姥智在看透真相而不道破说穿，情愿把自己比作老牛，任由王熙凤她们取笑，自我丑化；智在目标明确，她本次来是为了哄得贾母开心，让他们心甘情愿接济自己。

刘备智在贬损自己，贱称自己得到诸葛亮的认同；智在抬高对方，尊敬对方让诸葛亮知道自己的诚意，是大智若愚；智在站位高，从儒家道德理想开启话题，让诸葛亮心悦诚服地出山。那一年，刘备47岁，诸葛亮27岁，从年龄上看刘备是长者；而且从地位上上看，刘备纵横疆场，身经百战，立过许多军功，救过孔融，打败过曹操，做过平原县令、徐州牧、豫州太守，被皇帝尊为“皇叔”，名扬天下。除此之外，刘备已有一定的“江湖”地位。刘备与曹操喝过青梅酒，被曹操评价为“今天下英雄，惟使君与操耳”（使君即刘备），刘备接受过袁绍的出辕门200里迎接，被袁绍评为“天下枭雄”。但在诸葛亮面前，刘备却不提他的光辉岁月。这就是他的“智”——处处以“弱”“小”的面貌出现在诸葛亮面前。

吴用、晁盖等七人的“智”体现在哪里？需要勾连《水浒传》第十二回、第十三回、第十四回、第十五回、第十六回、第十七回。他们“智”在进行了周密的部署，如取生辰纲的时间、地点、方式，“智”在相互配合天衣无缝，“智”在巧妙利用对手的矛盾，“智”在对社会认识深刻。

杨志“智”在智变时间，智选路径，智藏行踪，智觉黑影，智问来人。但学生也提出了疑问：杨志也有“愚”的地方。课堂生波澜，引起辩论，将学习引向深处，引发杨志“愚”与“智”的讨论。文中有许多让人生疑的地方如不合情理处、反常处、破绽处等。这些能证明杨志“愚”吗？如白胜挑着担桶，唱上冈子，而唱的歌谣内容竟然是突显贫富阶级矛盾；这七个人都脱得赤条条地提着朴刀走出来，说明这些人不是普通人。杨志一行人因带有十万贯财宝，所以一反常理，冒着烈日而行，早晚凉休息，而他们居然在红日当天，十分大热的中午在黄泥冈遇着与他们同样反常的贩枣子的客人以及卖酒的汉子。孙悟空说得对：“哪里来的人家，一定是妖怪。”这些是不是杨志“愚”的体现呢？一石激起千层浪，过渡到另一个关键字“愚”的整合教学。

本单元《范进中举》中刻画了一群“愚”的众生相。可以做这样的设计。

1. 请你给“愚”组词，然后用选择其中的词语形容《范进中举》中的各色人物，注意结合文本的具体内容进行分析。教师补充“愚弱、愚昧、愚顽、愚懦、愚妄、愚痴、愚陋、市井庸愚、孤愚、饰智矜愚、凶愚、抱愚守痴”词语。

2. 请用上含有“愚”字的词语，模仿以下格式为《范进中举中》的人物写一句话简评（注意人物的言行举止）。

示例：“报录的人”提议需要一个人打疯了的范进一耳刮子（联系文本）写出“报录人”的“饰智矜愚”（写出愚的本质），看到醉心功名让人疯傻，却习以为常的社会让人觉得可悲（评价或你对社会现象的认识）。

通过整合四篇文章，对人性进行更为细致的分析，这也是整合带来的教学智慧。

还可以根据文体特征进行整合。细读《沁园春·雪》《我爱这土地》《乡愁》《你是人间四月天》《我看》《祖国啊，我亲爱的祖国》找出意象，归纳意境特点，分析意蕴。

表1　根据文体特征进行整合

诗歌	意象（分清主意象、次意象）	意境	意蕴
《沁园春·雪》	主：雪	辽阔雄壮	对祖国壮丽河山的热爱，无产阶级革命者的自信
	次：冰、山、原、晴日、帝王	活力妖娆；文治缺失	
《我爱这土地》	主：土地、鸟	多灾多难；热爱和守护土地，并为之哀歌，为之牺牲	对祖国灾难的悲愤痛苦，对祖国刻骨铭心、至死不渝的热爱
	次：暴风雨；河流；风；黎明	带来灾难；悲愤长期郁结；对侵略行径极度愤怒	
《乡愁》	主：邮票、船票、坟墓、海峡	充满希望	离愁别绪，家国之思
	次：这头、那头、外头、里头、大陆	阻隔空间的遥远，天各一方，天人相隔	

续 表

<table>
<tr><th>诗歌</th><th>意象
（分清主意象、次意象）</th><th>意境</th><th>意蕴</th></tr>
<tr><td rowspan="2">《你是人间四月天》</td><td>主：四月天</td><td rowspan="2">美丽、温暖、灵动、梦幻、诗意、纯洁、新鲜、充满生机、蕴含希望</td><td rowspan="2">对“你”的喜欢、热爱和赞颂</td></tr>
<tr><td>次：笑响、四面风、春、光艳、云烟、黄昏、风、星子、细雨点、花、冠冕、圆月、雪、鹅黄、绿、水光、白莲、花开、燕</td></tr>
<tr><td rowspan="2">《我看》</td><td>主：我</td><td>充满丰润的青春朝气的生命，对外部世界非常敏感，内心充满了欢乐、忧戚和希望等复杂的情感</td><td rowspan="2">敬畏自然，敬畏生命；咏赞自然，咏赞生命；拥抱自然，热情生活</td></tr>
<tr><td>次：春风、青草、绿潮、飞鸟、晴空、流云、大地、树木、花朵</td><td>生机勃勃，绿意盎然，自由，美丽，欢快</td></tr>
<tr><td rowspan="2">《祖国啊，我亲爱的祖国》</td><td>主：祖国</td><td>贫穷、落后</td><td rowspan="2">爱国忧国，献身祖国</td></tr>
<tr><td>次：老水车、矿灯、隧洞、稻穗、路基、驳船、飞天、蛛网、胚芽、起跑线、黎明……</td><td>原始落后、衰败艰苦、希望新生、顽强拼搏</td></tr>
</table>

三、多部名著整合

名著整合教学犹如一朵绚烂绽放的花朵，散发着令人陶醉的香气。名著整合教学将多部经典名著融为一体，学生可以在整合中接触不同作者、不同时代的名著，领略文学的多样风采，增长知识，丰富阅历，领略文学智慧。名著整合教学突破了单一学科的界限，涵盖了历史、文学、哲学、社会等多个学科的内容。学生在阅读名著的过程中，不仅学习了文学知识，还拓展了其他学科知识。

名著整合教学能够让学生接触到更多经典文学作品，学生通过欣赏名著中人物和情节，激发了他们的审美情趣，培养了对美的感知和欣赏能力。鼓励学生从不同名著中汲取灵感，进行文学创作和表达。学生通过创作，能够更好地理解名著，同时培养创新意识和创造力。以下是对初中教材涉及的十二部名著体裁与核心价值的梳理表。

表2　12部名著梳理表

篇目	体裁	核心价值
《钢铁是怎样炼成的》	自传体外国小说	理想信仰、红色经典
《简·爱》	自传体女性文化小说	爱的真谛，自爱、博爱、爱情
《水浒传》	章回体古典白话小说	英雄、义气
《朝花夕拾》	回忆性散文	成长史、教育观
《骆驼祥子》	小说	人性、社会
《海底两万里》	探险，游记	人性、科学、探险
《傅雷家书》	书信	教育观念、为人处世
《经典常谈》	国学研究专著	实验精神、科学精神
《艾青诗选》	家国情怀诗歌	光明、家国情怀
《西游记》	章回古典体想象小说	苦难、挫折、成长的思考
《红星照耀中国》	纪实文学	信仰与精神、红色经典
《儒林外史》	章回古典体讽刺小说	现实、人性的丑陋

可以做如下的整合

1.《海底两万里》中尼摩船长准备再次进行南极大遨游，他需要三个帮手，现在有孙悟空、唐僧、保尔、尼德兰、阿龙纳斯、圣约翰、孔塞伊报名参加此次活动。你觉得他会选择哪三个人呢？选择他们的理由是什么。请结合所选人物的能力、性格、人生经历等阐述理由。

2. 祥子在实现梦想的途中经过了“三起三落”，最后走向了堕落。而保尔在人生中经历了四次死里逃生，最后成为英雄。为什么两人的结局完全不同？请结合名著内容阐述你的看法。

3. 有人说祥子的人生史就是堕落史，与下列哪个人物最相似？请结合名著内容进行分析。备选人物：冬妮娅、约翰、乔治、安娜、匡超人、牛浦郎、鲍廷玺。

4. 保尔面对爱情是如何选择的？试着分析保尔这样选择的原因。请你根据所给的人物任选3个进行比较，分析保尔爱情观的伟大之处。自拟题目，不少于800字。备选人物：祥子、匡超人、简·爱、虎妞、小福子、扈三娘、沈琼枝、唐僧、冬妮娅。

5.《简·爱》告诉我们，尽管我们对生活充满了向往和期待，但生活不可能一帆风顺，面对困难挫折不同的人做出不同的选择。请你依据以下人物面对困难时做出的选择进行分类，并结合名著的具体内容试着分析他们做出这种抉择的原因。人物备选：祥子、保尔、简·爱、圣约翰、毛泽东等、傅雷、唐僧、猪八戒、孙悟空、尼德兰、阿龙纳斯。自拟题目。不少于800字。

四、读写整合

语文教学中的读写整合是指将阅读和写作这两个教学环节紧密结合起来，读中思考写的独特之处，在写作要求中思考可以从读中带来可以哪些借鉴。

读写整合需要我们系统地看待教材。实现读写整合，要选取适宜的文本，确保所选取的文本内容既能激发学生的兴趣，又能够适应学生的阅读和写作水平。文本既要具有一定的文学价值和思想深度，又有助于学生进行深入思考和表达。做好写作与阅读对应，实现从读点到写点的提升。

教材中的文章的标题大多有特点，可以设计这样的教学活动。请为以下标题分类，并探究审题技巧。

《秋天的怀念》《散步》《纪念白求恩》《黄河颂》《阿长与〈山海经〉》《紫藤萝瀑布》《驿路梨花》《伟大的悲剧》《带上她的眼睛》《背影》《白杨礼赞》《爱莲说》《我为什么而活着》《我一生中的重要抉择》《时间的脚印》《安塞腰鼓》《周总理，你在哪里》《我爱这土地》《你是人间四月天》《精神的三间小屋》《中国人失掉自信力了吗》《变色龙》《祖国啊，我亲爱的祖国》《故乡》《应有格物致知精神》。

表3　七至九年级的课文有特点的标题类型及突破方法

类型	篇目	特点	突破方法
词语型	《散步》 《安塞腰鼓》 《故乡》	多以实词的形式出现	把这个词语扩写成多个句子。从多个句子中挑选1个或2～3个最好的句子，写成一篇文章
指代型	《你是人间四月天》 《我为什么而活着》 《我一生中的重要抉择》 《周总理，你在哪里》	题目中出现了指示代词，如，你、我、她、这里、那里、谁、这些等	拿万外物为己用。你既可是人（现实人物、历史人物、想象人物、文学作品中的人物），也可是动物、植物，甚至可以是一幅画，一首歌，一种精神，一个词语等。围绕代词叙事、想象、联想等手法进行写作
修辞型	《时间的脚印》 《变色龙》	分清本体、喻体。题目中一般都是喻体	把喻体还原成多个本体。从多个本体中挑选符合题目而且自己最拿手进行写作。注意本体与喻体之间要有形似性
哲理型	《应有格物致知精神》	表达方式以议论为主	题目具有哲理性，是给人启示的，需要注意的是不要光喊口号，要把深刻的道理通过事情表现出来，可采用托物寓意法，或者寓理于事法
情感型	《秋天的怀念》 《纪念白求恩》 《黄河颂》 《白杨礼赞》 《爱莲说》 《我爱这土地》 《祖国啊，我亲爱的祖国》	题目具有某种情感	注意要把情感细节化、波澜化、细腻化。可以采用借景抒情，情景交融、情寓于事等手法
问答型	《我为什么而活着》 《我一生中的重要抉择》 《周总理，你在哪里》 《中国人失掉自信力了吗》	多以问句形式出现	答案就是你要写的内容。写作时写好写细某个方面或2～3个方面
意境美型	《紫藤萝瀑布》 《驿路梨花》	意象鲜明	意境是为了引出人、事、景、情、理，所以根据中心，把人事、情理放在这个意境中展开
引人深思型	《阿长与〈山海经〉》 《伟大的悲剧》 《带上她的眼睛》	题目有反差或矛盾或让人产生疑问	思考如何突出各自的胡独特性

王夫之曾说过“意犹帅也，无帅之兵，谓之乌合”，道出了文章立意的重要性。立意就是确立中心思想。这是写好文章的关键。凡是有定评的好文章，凡是为人喜读不厌的文章，无一不是在立意上下功夫。这是因为文章的中心思想，就如中枢神经，统领全文，贯穿首尾，制约段落，支配句子，即意在笔先。我在进行作文立意教学时采用了整合的方法。

活动一：认真回忆两组七至九年级部编教材课文内容，完成思考题

表4　七至九年级部编教材课文内容

组别 序号	第一组	第二组
1	七年级上册《春》《济南的冬天》	七年级上册《秋天的怀念》《散步》
2	七年级下册《紫藤萝瀑布》《一棵小桃树》《爱莲说》《陋室铭》	七年级下册《老王》《驿路梨花》
3	八年级上册《三峡》《与朱元思书》	八年级上册《背影》《我的母亲》
4	八年级下册《春酒》《灯笼》	八年级下册《安塞腰鼓》《卖炭翁》
5	九年级上册《岳阳楼记》《醉翁亭记》	九年级上册《故乡》《我的叔叔于勒》
6	九年级下册《枣儿》《海燕》	九年级下册《孔乙己》《变色龙》

思考1：第一组和第二组文章选材有什么共同点。

明确：第一组选材都是以景或物为主，我们称之为以景物为题材的文章。第二组选材以人事为主，我们称之为以人事为题材的文章。

设计意图：依托教材，走进教材，用好教材，从教材中习得技巧和方法。让学生清楚材料的类别，培养学生归纳、概括、求同的能力。

思考2：以小组为单位，根据文章的意旨对各组中的篇目进行分类，并讨论各类文章是从哪个角度立意的。尝试用表格的形式记下探究结果。表格内容包括原文立意、立意角度等。

师生优化表格预设如下。

表5　立意收获表

第一组		第二组	
原文立意	立意的角度	原文立意	立意的角度
《春》《济南的冬天》《三峡》通过对春天或冬天或三峡景色的细致的描写，抒发了作者对大自然和国家的热爱之情	自然给予人的情感体验	《秋天的怀念》《散步》《背影》《我的母亲》展现生活成长路上父母给“我”关爱及“我”对亲人的感激怀念之情	个人成长经历重在“我”的情感体验
《紫藤萝瀑布》《一棵小桃树》紫藤萝和小桃树曲折的生长经历，告诉读者在逆境中成长，经历风雨仍要顽强	景物给予人哲理认识	《安塞腰鼓》描写了安塞腰鼓的热烈、豪放、激越，展现中华儿女蓬勃的生命力	民俗特色蕴含民族精神
《爱莲说》和《陋室铭》借莲和陋室表达作者高洁的人格和不俗的人生追求；《岳阳楼记》《醉翁亭记》写出作者心忧天下，心系百姓的人生志向	景物对人的影响	《老王》《驿路梨花》在具体的人事中展现老王朴实、善良和不知名的“梨花”乐于奉献的人性光辉	展示人性光辉
《春酒》借春酒展示生活中诸多美好的人、事、情	展示生活中的美	《孔乙己》《卖炭翁》《故乡》写封建枷锁下的悲苦人生，对丑陋人性的进行讽刺、批判，具有多维的社会视角	历史文化视角，凸显文化变迁
《枣儿》对留守儿童和空巢老人这一社会现象进行思考。《灯笼》饱含对亲人的思念感激。灯笼代表家族历史，也代表传统文化，更代表爱国深情	社会现象和文化物象引发的关注和思考	《变色龙》《我的叔叔于勒》体现对势利、金钱至上、虚伪、媚上欺下等丑陋人性的反思、批判	全球视野显现人类共性

设计意图：通过对已学文本的梳理，帮助学生深入理解同一题材不同立意的原因；学生要对同一题材类型而立意不同的原因探究分析，旨在培养学生分析、综合、比较、概括、归纳、整合能力。

活动二：总结归纳，构建思维

思考1：上述两组材料在立意思维方面有哪些相同之处呢？

从以下三个维度入手，思考文章怎样可以快速立意。师生合作探究结果，教师用思维导图总结如下。

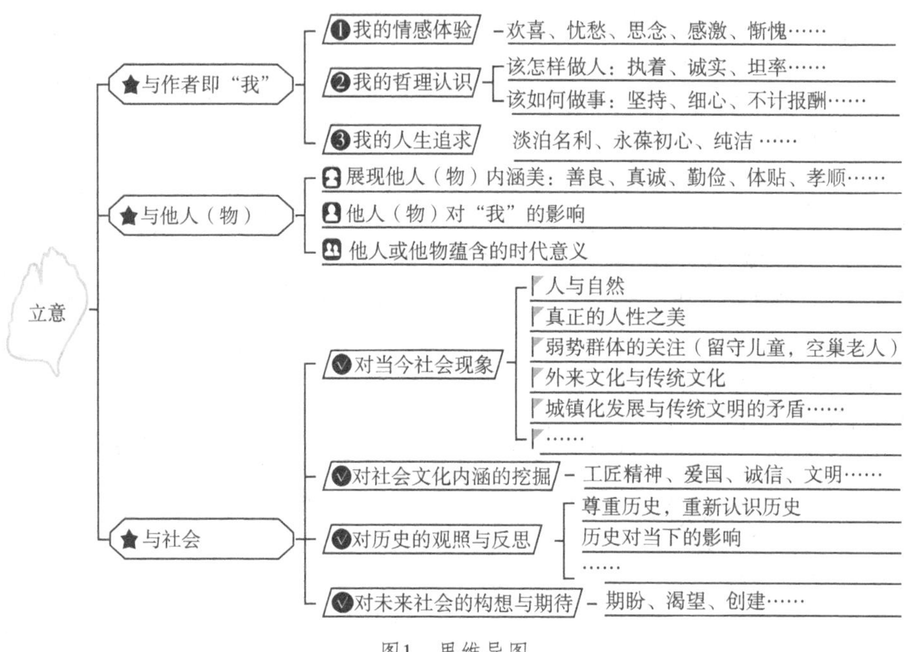

图1 思维导图

整合教材立意的最佳角度应由材料文字决定，当有多个立意角度时，则应根据自己的写作能力进行选择，扬长避短。考场上快速立意可以从与自我、他人、社会三个维度入手，主要从以下五个方面立意。即自我成长，体验生活，亲近自然，励志向上，关注社会百态。

读写整合为学生提供了阅读和写作的双重体验，使两者相得益彰。学生通过阅读名著和文学作品，汲取智慧和灵感，进而在写作中展现自己的思维火花。阅读激发写作，写作深化阅读，相互促进，使学生的语文能力得到全方位的提升。

读写整合将阅读和写作融为一体，帮助学生将所学的知识和技能有机结合。通过阅读，学生深入了解文学背后的历史、文化和情感；通过写作，学生表达对文学的理解和情感，增强对知识的消化与吸收。知识在读写整合的过程中得以贯通，使学生的学习更加有血有肉。

读写整合不仅是知识的传递，更是情感的传递。通过阅读优秀文学作品，学生可以与其中的人物共情、共鸣，感悟人性的真谛；而写作则让学生把内心的感受与思考，化为文字传达出去。情感共鸣让学生更深入地理解和体味文学之美，感受语文的魅力。

细节之美

语文学科的细节之美指在语文学科教学和学习过程中，关注和展现微小、细致、精确的部分和细节，并从中发现和品味其中蕴含的美好与价值。

细节之美在语文学科中是至关重要的，它不仅体现在学生的表达能力和阅读理解能力上，还体现在学生对文学作品的感悟和对语言的敏感性上。细致入微的观察和体验，让学生在语文学科中领略到文字背后的奥妙，从而提升学生的文学修养和人文素养。同时，领略细节之美也是培养学生情感态度、审美情趣的有效途径，可以让学生更深刻地感受到语文学科的无穷魅力。

细节之美可以帮助学生更好地感受、理解和运用语言文字，意味着学生在学习中更加细心和专注，善于发现和感悟文字之美；细节之美能够潜移默化地影响学生的审美观念和艺术鉴赏能力。教师可以通过引导学生挖掘文本深层含义，分析作者的用词与结构，培养学生对文本的理解和解读能力。所以在教学中我们要尽可能地发现、聚焦每篇课文的细节之美。这种细节之美可以体现在语言表达的细腻与准确，文本解读的深入与细致，字句运用的精妙，书写和排版的精心等方面；细节可能是表达、物象、标点符号、文体、文化等。这需要我们留意这些细节，需要我们挖掘细节之美，让语文课堂在细节中焕发出绚烂的光芒。

一、关注表达细节

字词句细节之美是语言表达中的闪光点和点睛之笔，能增强表达准确性和表现力，表达细节能够丰富文本内容，使其更具层次和深度。还可以从表达细节上看出作者的个性和写作风格。每位作家都有独特的表达方式和风格，细节是他们思想和情感的映射，帮助读者更好地了解作者的思想和情感。

教材中还有许多表达细节需要我们关注。如《散步》的开头“我们在田野散步：我，我的母亲，我的妻子和儿子”，既与后文人物关系呈对应关系，又将文章主题凸显，同时用三个逗号制造较长时间的停顿，体现极具仪式感的出场，透露出小事情中哲理的意味。

《伟大的悲剧》标题既有“伟大”又有“悲剧”反差式的表述引人深思；《阿长与〈山海经〉》庄谐同用引发了读者的思考，而文中“我与父亲不相见二年余了”不符合人情的语言让人困惑。再如辛弃疾的《破阵子·为陈同甫赋壮词以寄之》以“壮”入题，让人疑惑这首词为什么称“壮词”？从题材看写军营生活，场面壮阔；从情感看表达了建功立业的雄心壮志；从语言看风格豪放、壮丽的结论。由此可见，细节之美有助于理解诗意。

举个例子，鲁迅先生对副词的使用也常常是神来之笔。《社戏》中的“便”与表转折的“然而”“可是”的连用，体现文章的文脉、情脉和语脉。

1. 在这迟疑之中，双喜可又看出底细来了，便又大声的说道，“我写包票！船又大；迅哥儿向来不乱跑；我们又都是识水性的！”

2. 外祖母和母亲也相信，便不再驳回，都微笑了。

3. 一出门，便望见月下的平桥内泊着一只白篷的航船……

4. ……，于是赵庄便真在眼前了。

5. 我们便都挤在船头上看打仗，但那铁头老生却又并不翻筋斗，只有几个赤膊的人翻，翻了一阵，都进去了，接着走出一个小旦来，咿咿呀呀的唱。

6. 一声答应，大家便散开在阿发家的豆田里，各摘了一大捧，抛入船舱中。

多个“便”的连用，使一切事情都顺理成章，“我”看戏的愉悦之情溢于言表。紧接着作者笔锋一转，连用几个转折词语将无聊的戏表现得含蓄又自然。如果没有关注这些细节，对鲁迅的情感变化把握可能就不够充分和精准。

乌篷船里的那些土财主的家眷固然在，然而他们也不在乎看戏，多半是专到戏台下来吃糕饼、水果和瓜子的。

然而我的意思却也并不在乎看翻筋斗。

但是等了许多时都不见，小旦虽然进去了，立刻又出来了一个很老的小生。

然而老旦终于出台了。

这种连续用副词将文章的语脉、情脉、意脉贯穿起来的细节，我们是否关注了呢？

《孔乙己》中也采用这样的方法，多个“便”字的连用，已将孔乙己的麻木迂腐，世态的炎凉在不动声色中描述出来。

1. 因为他姓孔，别人便从描红纸上的“上大人孔乙己”这半懂不懂的话里，替他取下一个绰号，叫孔乙己。

2. 孔乙己一到店，所有喝酒的人便都看着他笑，有的叫道：“孔乙己，你脸上又添上新伤疤了！”

3. ……便排出九文大钱。

4. 孔乙己便涨红了脸，额上的青筋条条绽出，争辩道……

5. ……接连便是难懂的话，什么“君子固穷”，什么“者乎”之类，引得众人都哄笑起来。

6. 便替人家钞钞书，换一碗饭吃。

7. 可惜他又有一样坏脾气，便是好喝懒做。

8. 坐不到几天，便连人和书籍纸张笔砚，一齐失踪。

9. ……便免不了偶然做些偷窃的事。

10. 旁人便又问道，“孔乙己，你当真认识字么？”

11. 他们便接着说道，“你怎的连半个秀才也捞不到呢？”

12. 孔乙己自己知道不能和他们谈天，便只好向孩子说话。

13. 他说，“读过书，……我便考你一考。茴香豆的茴字，怎样写的？”

14. ……便回过脸去，不再理会。

15. 他便给他们一人一颗。孩子吃完豆，仍然不散，眼睛都望着碟子。

16. 孔乙己是这样的使人快活，可是没有他，别人也便这么过。

再如《儒林外史》中，细节之美，在于用“偷”字刻画出人物性格。

1. “……我打从学堂门口过，听见念书的声音好听，因在店里偷了钱买这本书来念。却是吵闹教师父了。”

2. “教师父有甚么诗，却不肯就与我看，哄我想的慌。仔细算来，三讨不如一偷。”

3. 又在店里偷了几十个钱，走到吉祥寺门口一个刻图书的郭铁笔店里柜外，和郭铁笔拱一拱手，坐下说道：“要费先生的心，刻两方图书。”

散落在文章的几个“偷”字将“牛浦郎”的本质蛇影灰线地告诉读者，这些细节需要慧心、慧眼、慧行。

除了反复出现的词语需要引起我们的关注之外，还有矛盾的词语也应引起我们的重视。如“孔乙己大约的确死了”中“大约”“的确”等需要我们关注。

《金色花中》“你到哪里去了，你这坏孩子”“我不告诉你，妈妈”我们看出母子之间亲密无间的关系；《台阶》一文则用自问自答的方式，写出作者淡淡的忧伤。

二、关注多次出现的句子或物象

细节之美，不仅散落在字词里，更藏在句式中如我执教《安塞腰鼓》就进行如下设计：

（一）句式细节

1. 有一句话在文中反复出现，请找出这句话分别出现在哪些地方。

第13段：好一个安塞腰鼓！

第17段：好一个安塞腰鼓！

第22段：好一个黄土高原！好一个安塞腰鼓！

第24段：好一个痛快了山河、蓬勃了想象力的安塞腰鼓！

2. 探讨作用

（1）这四个反复该怎么朗读呢？请在朗读中体会语意的变化。

（2）从表达方式上看，它运用了什么表达方式？有怎样的作用？

（3）四处关键句在重复中有变化，从哪一句话开始，产生了怎样的变化？

（二）重视物象细节

文学作品中的物象细节是作家用以刻画人物、描绘场景和表达情感的载体。物象细节有助于表达情感、烘托作品的氛围和背景，展现作者风格，传递主题。

如文学作品中常常通过描写几个具有深意的物件或动作来展示人物性格，你认为九下第四单元中的这几篇文章中的哪几个物件最能体现人物性格？找出来读一读，议一议。《孔乙己》中的"蘸酒写字、偷窃东西、写服辩、摸排钱、代脚走路、抄书、酒、看客的说笑、钱都是值得斟酌的细节；《变色龙》中手指和军大衣，法律也是极具韵味的细节；《溜索》中随行的牛马、山鹰、绝壁都成为点亮文章灵魂的物象；《社戏》中"圆规"这个物像也值得我们深究。

再如《台阶》中"台阶"象征的是中国农民追求自尊这一基本的人性要求，努力造屋，提升台阶，其实不过是为了满足这种基本要求。但是，他们长期处于社会底层而形成的深入骨髓的卑微感，是无论怎么努力都无法被真正克服的，这就能够解释为何父亲造好新屋和台阶后仍然无法舒展自己的现象。因为卑微，追求自尊；但深入骨髓的卑微感，已然使得他们不可能摆脱卑微而享有尊严，这种矛盾或悖论展现出悲剧人生。

《秋天的怀念》中三提看花："听说北海的花都开了，我推着你去走走""不，我不去""北海的菊花开了，我推着你去看看吧""什么时候""我俩在一块儿，要好好儿活……"。菊花淡雅、高洁，象征了母亲的品质；菊花深沉、热烈，象征了纯洁、深沉的母爱；菊花五彩缤纷，泼泼洒洒，象征着"我"重拾了对生活的勇气和信心。母亲爱菊花，"我"看菊花，表达了"我"对母亲的怀念之情。

不仅是单篇课文中的物像值得探究，整本书中的物象更值得关注。如

《钢铁是怎样炼成的》主人公七次打架和与手枪相关的内容，五次写手风琴相关的片段等细节常常会被忽略。需要将这些细节点分拣出来，引导学生探究物象对情节推动以及丰富保尔形象等方面的作用，指导学生在细节中认识立体的、全面的、真实的保尔。引导学生分析出手枪是保尔觉醒的象征物，是战斗的武器，是与朱赫来友情的象征，还是工作的道具；探讨出手风琴既是保尔才华的载体，也是与母亲难舍难分的物件，更是工作致胜的魔杖。指导学生保尔书信里有纯洁的爱情、愧疚的亲情，保尔面临革命与个人、公与私、生与死、坚守与放弃时和纠结。但保尔的伟大之处就在于现实最终战胜了小我，用行动践行了什么是信仰，什么是英雄主义、理想主义、献身主义。关注手枪、打架、手风琴、书信相关这些细节时，既可以厘清内容和前后情节之间的关系，还可以体会不同情境下物象的独特价值，了解物象中蕴含保尔成长的价值。

三、留意细枝末节

教学中我们关注文字等主要信息，可能忽视其他的信息，如标点符号、插图、注释等。其实这些细节也具有的表情达意的重要作用。

（一）标点符号也暗藏玄机

小标点大作用。《登勃朗峰》车夫的话："不必为此烦恼——静下心来——不要浮躁——他们虽已扬尘远去，可不久就会消失在我们身后的。你就放下心坐好吧，一切包在我身上——我是车之王啊。你看着吧！"多个破折号连用的语言是不符合逻辑的，思维跳跃大。实际上是为了刻画车夫的自信。破折号也和文字一样，表现了人物的性格。

我们还要关注声韵细节。平声指一二声，平声表达平和、委婉、和缓的情感；仄声指三四声，仄声短促急迫，铿锵有力，豪情跳跃，慷慨激昂。洪声韵相当于大调式，具有较明朗的色彩，表达激昂、雄壮感情，包括a、an、en、ang、ong、eng等；柔声韵相当于小调式，具有较柔和的色彩表达颂扬、赞美和抒发感情，包括o、e、ai、ao、ou等；细声韵色彩更加灰暗，表达悲苦、深沉感情，包括e（乜斜）、u、er、i、ü、ün、üe等。押韵时考虑到平仄会更好地把握诗歌情感，因为平声韵表达明朗情感，仄声韵表达阴郁情感。这样来说，表现喜悦、欢快、平和等用平声更好，表现忧愁、压抑、愤怒用仄声更好。举个例子，《茅屋为秋风所破歌》结尾处连用入声字仄声韵。“俄顷风定云墨色，秋天漠漠向昏黑。布衾多年冷似铁，娇儿恶卧踏里裂。床头屋漏无干处，雨脚如麻未断绝。自经丧乱少睡眠，长夜沾湿何由彻。”将作者悲痛感情抒发得淋漓尽致，也是杜甫“沉郁顿挫”风格的体现。

（二）关注课本中的插图或注释

还要关注课本中的插图、注释甚至题注等。课本中的插图可以生动形象地展示课文内容，通过图像让学生更直观地理解文字，尤其对于抽象的概念和场景描述有很好的补充作用，也能够激发学生的学习兴趣，帮助他们深入理解课文。注释是对生僻字、古文、典故等难点内容的解释和补充说明。通过注释，学生可以更好地理解课文，避免出现理解误差。合理设置的注释不仅能提升学生的阅读理解能力，还能培养学生对古代文化的兴趣和研究意愿。

课本中的题注是对插图或短文的简短说明。题注简洁有力，能够准确表达插图或短文的主题或要点。学生通过阅读题注，可以更好地把握插图或短文的内容，提高阅读的效率。

课本中的插图、注释和题注细节也需要师生们欣赏讲解。如《孔乙己》就用了丰子恺的插图，《卖炭翁》诗作下有题注“苦宫市也”的寥寥几点将孔乙己的苦楚表现出来“苦”字就告诉了《卖炭翁》的本质。

四、辨析文体细节

王荣生曾说：散文有散文的教法，小说有小说的教法，议论文有议论文的教法，他还说过这一类小说有这一类小说的教法，那一类小说有那一类小说的教法。其实也就是要尊重文体的特质。比如情节类小说阅读教学时，重点把握人物活动的愿望、障碍、行动。这些元素将构成矛盾冲突，矛盾冲突是故事情节的驱动力和核心，核心冲突更是人物性格、命运和价值观的真实反映。这些是我们关注的重点。把握核心冲突则需要关注关键句。哪些是关键句呢？让情节具有合理性的铺垫句，让人物性格更加立体的反常句或矛盾句；让小说结构更加严谨，还增加了文化意蕴的反复句；为开拓主题，蓄势铺垫，承载情感的闲笔句；为增加结构整饬美情节相似句（段）；增强情节曲折性的转折句；留有余味的留白句等。这些具有文体特征的关键句我们要用慧眼发现。

《我的叔叔于勒》中“这封信成了我们家里的福音书，有机会就要拿出来念，见人就拿出来给他看”，大家是否发现了呢？“唉！要是于勒就在船上，那会多么叫人惊喜”在文中反复出现，这仅仅是菲利普的语言吗？文中“这是我的叔叔，我的亲叔叔”一句又有怎样的情感世界呢？我们是否能从小说的角度发现它们的美呢？

《孤独之旅》是心理小说，与情节类小说的阅读方法不一样。心理小说是一种以描绘人物内心世界、情感、思想和心理过程为主要特点的小说类型。我们尤其要关注人物心理刻画，探索他们的内心冲突、恐惧、欲望和矛盾，使读者能够与他们建立情感共鸣。关注心理冲突与转变，在文字中体察人物是如何面对内心的困扰、过去的阴影，或是通过经历事件逐渐改变和成熟的；还要与人物产生情感共鸣，与主人公共同经历他们的内心挣扎和成长。

用以上的方法对《孤独之旅》进行阅读，就会知道，“就什么都没有了”“熟悉的树木……遥远之物”“陌生的天空……从未见过的面孔”“它们才忽然觉得自己已成了无家的漂游者”几句告诉我们杜小康是因无家而孤独；“没有其他声音……使人感到振奋”“杜小康想听到声音……不可能”说明他是因无声而孤独；“还要走多远？前方是什么样子？……”说明他是因不知前途而孤独；“四周只是草滩或凹地……”“第一缕炊烟……唯一的炊烟”说明他是因无人而孤独；“以后的几天，都是这一天的重复”表现出无尽的孤独；“芦荡如万重大山围住了小船……”“这一切无论如何也不能完全驱除杜小康的恐慌”“紧紧地挨着父亲，迟迟不能入睡”说明他因无助而孤独；是因“明年春天”无期而孤独；是带着挽救家道的使命去放鸭，而不是去旅游的，这种精神压力让他恐慌而孤独。

曹文轩在《前方》中指出人离家原因有三：一是外面有一个广大无边的世界；二是离家也许是出于无奈；三是人的眼中、心里，总有一个前方在召唤着他，这三种原因杜小康都有。

散文是带有自我倾向化的文体，要厘清作者的心路历程及思想脉络，需关注作者个性化语言的表达，尤其要寻找情感瞬间独特的表达技巧，及客观描写与主观体验的分界点。如《紫藤萝瀑布》“但是我没有摘。我没有摘花的习惯。我只是伫立凝望，觉得这一条紫藤萝瀑布不只在我眼前，也在我心上缓缓流过。流着流着，它带走了这些时一直压在我心上的焦虑和悲痛，那是关于生死谜、手足情的。我沉浸在这繁密的花朵的光辉中，别的一切暂时都不存在，有的只是精神的宁静和生的喜悦”一句中，“但是”一词之前主要描写紫藤萝，之后进行主观体验的表述，这一段将客观描写与主观体验分开。教师在教学中是否留意了这些呢?

实用文体，这里特指说明文和议论文。阅读教学主要教学生如何有效提取信息，掌握文章结构；识别关键词和关键句，快速抓住文章的主旨和要点；分析语段之间的逻辑关系，理清文章的逻辑线索。如《恐龙无处不有》中用箭头的方式厘清文章行文思路。

《恐龙无处不有》

各地和南极发现恐龙化石（举例子）

↓

说明恐龙确实遍布于世界各地

↓

质疑：恐龙如何能在南极生存

↓

追问：恐龙不可能在每块大陆上独立生存

↓

结论：是大陆在漂移而不是恐龙自己在迁移

↓

泛大陆的形成和多次分裂（举例子、列数据）

↓

南极洲恐龙化石的发现成为板块运动、大陆漂移假说的有力证据。

五、关注文化细节

语文学科蕴含着丰富的文化元素，包括语言的起源、演变和运用承载着特定的文化背景和价值观的语言文化；涉及传统文化国学经典、民间故事、传统节日、戏曲等；还蕴含了不同地区的地域文化；另外，不同时代文学作品中体现的道德观念和价值取向反映了当时社会的伦理与道德标准。这些都是我们需要关注的文化细节。可以说小细节，彰显大文化。

如文言文中记载着我国古代典章制度、天文地理、民俗风情等文化细节，需要引起足够的重视关注。因为文言文，它多层面地体现着中国传统文化，体现着民族精神，体现着传统的思维方式。如教《曹刿论战》时，需要补充关于春秋时代战争的小知识。如：春秋时期大多没有常备军，有战事时，国君亲任统帅，贵族担任各级军官，而士兵则临时从奴隶中征集。曹刿说的“民弗从也”就是针对这种征集工作来说的。春秋时期的作战方式是车战：一车四马，上乘三个甲士（一人驾车，左右各一），车后还有七十二步卒。击鼓是进攻的信号，进攻时战车冲锋在前，步卒紧跟其后。打败的一方往往离开车辙，人仰马翻，落荒而逃。所以本文有“公与之乘”“登轼而望之”“视其辙乱”等语。《曹刿论战》中，鲁庄公说“牺牲玉帛，必以分人”，而曹刿却这样回答：“小信未孚，民弗从也。”利用其中“人”与“民”的错位，可以厘清“人”与“民”的不同含义。

再如古诗文中常发现亭台楼阁等，如果仅仅把它们当成建筑物就肤浅了。文人漫游祖国山河，徘徊在亭台楼阁之间，欣赏着自然美景，留下诸多留恋山水、忘情自然的佳作。古代的亭台楼阁还兼具驿馆功能，大多修建于山水之旁，交通要塞之处，是诗人饯别的场所，更容易让人产生离愁。如王昌龄《芙蓉楼送辛渐二首》、李白《黄鹤楼送孟浩然之广陵》等诗中，亭台楼阁见证了诗人的伤感。到了宋朝，亭台楼阁成了成为最佳抒情场所，见证了许多爱情诗歌的诞生。随着时代的变迁，很多亭台楼阁经历过战乱动荡的破坏，再到和平年代的修缮，是历史朝代变迁的见证者。后代文人登临之后，不免感叹历史沧桑，借助亭台楼阁创作出大量抒情怀古之作。如《登幽州台歌》《黄鹤楼》《南乡子·登京口北固亭有怀》《临江仙·夜登小阁忆洛中旧游》亭台楼阁里的咏史怀古；《岳阳楼记》《醉翁亭记》《湖心亭看雪》借岳阳楼表达心忧天下的政治理想，借醉翁亭抒发与民为乐的志向，借湖心亭表达傲岸自持的情怀以及高洁的追求。沉痛的亡国之恨，家国之思、故国之悲，都藏在了亭台楼阁里。

再如贺敬之《回延安》中“宝塔山”“柳林铺”“窑洞”“杨家岭”等具有陕北地名就是地域文化的名片，“小米饭”“糜子”“米酒”“油馍”等具有陕北特色的食物文化，体现当地人民的真实生活。结合时代背景，从这些细节中感受延安文化政治性与革命性。

细节是构成知识体系的基石，它们如同星辰点缀宇宙，细腻而又璀璨。在教学中，细节不仅仅是为了填饱学生的头脑，更是培育智慧花园的必备种子。精心呵护和细心传授细节，有着不可估量的教学价值。细节是知识的脉络和线索，它们像一道道彩虹，将琐碎的知识点连接成系统的知识网，帮助学生理清知识结构，更好地理解学科的本质和内涵。通过细节的学习，学生能够建立起知识的骨架，深刻认识知识的逻辑和内在联系，从而在学习中游刃有余，灵活运用。

因此，精美的细节不仅是知识的媒介，更是学生智慧的滋养之源。教师应当在教学中注重细节的传授，引导学生发现和欣赏细节的美妙，培养学生细心观察、发散思维和创新精神，让细节之光点亮学生成长的路程。

思辨之美

语文教学思辨之美，指的是在语文教学过程中，教师通过启发性的教学方式，引导学生主动思考、质疑和探究，培养学生批判性思维。

教学中，教师要不停思考这个“学”可以升华出哪些问题来呢？比如我们观察出学生的认知规律了吗？我们是先从鉴赏这个角度来欣赏词句还是通过情景想象的方式进入某一种画面？这两者先后、主次怎么处理？我们关注到学生的兴趣点了吗？如何做到因学而教？如何根据教材进行教？如何才能让语文教学和写作教学共生共荣呢？

思辨，是指通过深入思考、分析和推理，形成独立、深刻的见解和判断。在语文教学中，思辨不仅是对文本的理解，还涉及对社会现象、人生问题等的思考。语文教学思辨主要是质疑、分类、关联、开放、创新。

一、思辨中质疑

语文教学应该鼓励学生对文本进行深入分析和批判性思考。教师可以引导学生质疑文本中的观点、情节、人物等，激发学生对文本内涵的深刻思考。如，菲利普夫妇真的是浑身缺点吗？杨二嫂从“豆腐西施”到“圆规”变化的合理性有哪些？《故乡》中有三次环境描写，有何深意？《我的叔叔于勒》中的女婿和《范进中举》中“报录人”是可有可无的人物吗？为什么《皇帝的新装》中“可是他什么衣服也没穿呀”是由一个小孩说出来的？文章写皇帝派老大臣、另外一位诚实的官员去看织布，所使用的语言基本相同，为什么要这样写？作品中的“皇帝”和“大臣”是死了还是仍然活着？

官员、皇帝、小孩谁更可怜？安徒生为什么要写这篇文章？一百八十年来它为何经久不衰呢？文章中反复出现对布料描写的句子，你觉得它仅仅在写一块布吗？

再如八年级上册第二单元，单元说明“以‘爱’为主题，让我们从课文中感悟到‘爱’这种博大的感情。”如果我们带着这样的主题意识通读全文，不免疑惑。《台阶》表现的是父子之爱，或一个父亲对他的家庭之爱吗？如果是，它是如何表现的？有哪些证据呢？如果仅仅因为这篇文章的主角是“父亲”，就想当然地认为它是表现“父爱”的，是不负责任的，是缺乏证据的。在文中，造屋是父亲一生的事业，文中提到“地位”，台阶似乎象征着地位。台阶真的是“地位”吗？新屋造好后，地位真的就提升了吗？如果不是地位，那是面子，抑或自尊？那么，为何在新屋造好的光荣时刻，在人生中这个辉煌的顶点，父亲非但没有扬眉吐气，反而表现出窘迫、尴尬与不自在呢？实际上，《台阶》象征的是中国农民追求自尊这一基本的人性要求，努力造屋，提升台阶，其实不过是为了满足这种基本要求。但是，他们长期处于社会底层而形成的卑微感，是无论怎么努力都无法被真正克服的，这就能够解释为何父亲造好新屋和台阶后仍然无法舒展自己的现象了。因为卑微，所以追求自尊；但深入骨髓的卑微感，已然使得他们不可能摆脱卑微而享有尊严，这种矛盾或悖论导致悲剧人生。如果我们对文本进行了深刻的思考，就不会局限于教材。“尽信书不如无书”，要做一个善于思考的人，要有批判性思考才会发现不足之处。

二、思辨中分类

语文学科涉及文学、历史、社会等多个领域的知识，教师应该引导学生进行本学科综合思考，思辨性地认识教学内容。如对七至九年级的文言文内容进行思辨分类教学，提升思维品质。

表1　七至九年级的文言文分类梳理表

类别	学习的重点	教材篇目
史事传记类	在春秋笔法中见证历史的波澜和传主的人格形象。春秋笔法是不是传记文的特点？	《邹忌讽齐王纳谏》《曹刿论战》《周亚夫军细柳》《孙权劝学》《唐雎不辱使命》《陈涉世家》
诸子散文类	在神奇想象和飞扬文采中领略逻辑和思想的魅力。尤其是孟子、庄子的散文，孟子的飞扬文采，庄子的想象神奇	《论语》《富贵不能淫》《生于忧患，死于安乐》《虽有佳肴》《鱼，我所欲也》《北冥有鱼》《庄子与惠子游于濠梁之上》《得道多助，失道寡助》《愚公移山》《大道之行》《杞人忧天》《穿井得一人》
传奇小说类	在情节中把握人物鲜活的性格	《河中石兽》《咏雪》《陈太丘与友期行》《狼》《核舟记》《卖油翁》
游记小品类	在优美生动的语言（也可以说简练的语言）中感受秀丽山水和名士情怀	《记承天寺夜游》《桃花源记》《小石谭记》《岳阳楼记》《醉翁亭记》《三峡》《湖心亭看雪》
政论辩说类	在严密的论证中体会文人的入世精神和思想锋芒，及中国传统士大夫的担当和使命感	《马说》《爱莲说》
骈文辞赋类	在铺采摛文、体物写志的形式中鉴赏作者行文技巧和情怀思想	《陋室铭》《答谢中书书》《与朱元思书》
书信公牍类	在得体言辞和真诚达意的张力中感受人际交往的艺术	《出师表》《诫子书》
序跋赠言类	在客观的叙述和简明的评价中窥见作者著文的意图	《送东阳马生序》

思考之美既是对教师教学艺术的要求，也是学生思维能力的要求。尤其是在整本书阅读中，建立在综合思考基础上的内容分类梳理就是培养思辨能力的途径。

如《简·爱》一共38章，我们可以抛出问题："为了达到阅读的整体性，用分类梳理的方法进行阅读本书是不错的选择，你打算如何阅读？"有的学生说按照盖茨海德府、洛伍德学校、桑菲尔德府、沼泽山庄、芬丁庄园五个地点转换进行阅读；还有的学生说按幼年生活、求学生活、家庭教师生活三段经历阅读。

再如《海底两万里》可以从科学性，幻想性，人性来读；《钢铁是怎样炼成的》可以从保尔与恋人、亲人、朋友、敌人、导师的故事五个方面完成整本书的阅读，还可以从一个百炼成钢的价值，两个时期的重要事件，三段刻骨铭心的爱情，四次死里逃生的艰难，五种人生指引，六段人生经历阅读整本书。

《红星照耀中国》可以细化为斯洛的行程，长征行程，大英雄，小人物，红色事件，红色精神六个维度进行阅读；《骆驼祥子》也不妨从一个核心人物的文化内涵，前后两个阶段的不同表现，三起三落的人生故事，祥子走向毁灭的四个关键人物，五大主题，六个值得学习的艺术手法展开阅读。

《西游记》不妨这样设定：理清取经过程，细品师徒降妖捉怪史、师徒成长史；分析师徒三次矛盾，孙悟空三次出走的原因；鉴赏师徒四人形象，梳理取经路上五种人生经历展开阅读。

《朝花夕拾》可以从作者与师友、亲人、邻居、医患关系读懂原著，还可以从作者对这些人物的褒扬、讽刺、中立情感来阅读。

《儒林外史》可以从真名士与假名士，获取功名的途径阅读，还可以按照“儒”的本质分类进行阅读。在思辨中读出不愿为官，甘愿隐居山林，情态可歌，不慕荣华，视钱财如粪土，情态可赞的贤儒者；读出只知读书，落得家贫如洗，情态可叹，或拘泥繁节，维护等级尊卑，情态可笑的腐儒者；读出羡慕功名，轻易逢高踩低，情态可怒，或醉心科举，力求飞黄腾达，情态可耻的媚儒者；读出沽名钓誉，求贤不辨好坏，情态可讽，或学识浅薄，却得他人虚怜，情态可哀的伪儒者。

教师在语文教学中应该注重培养学生的思辨意识，为学生的全面发展和未来的成功奠定坚实基础。这对教师提出了更高的要求。正如顾明远曾说“唯有教师本身的底蕴深厚、视域宽广、心灵纯净、情趣高雅才能给予素质教育中的学生，最深层的滋养和最有力的引导；也只有志存高远、知识丰富、悟彻人生的人，才能真正悟出培养人才、促进人生成长的教育的真谛，才能在教育教学中有所创新。”创新意味着要有变化，我们的教学也要有变化。这里既是指教学内容经过教师的加工整合、重构呈现美，也指教学的方式灵活多变。如课文内容庞杂，就需要选点突破，一篇文章重点关注一个语文要素。如《我的叔叔于勒》——研究如何把情节写得波波澜起伏；《孔乙己》——重点分析社会环境如何表现主题；《范进中举》——在对比中重点分析人物特征；《社戏》——写人叙事散文如何阅读；《驿路梨花》——景物类散文阅读；《精神的三间小屋》——哲理类散文阅读。还要思考如何在浩如烟海的资料中找到与教学内容契合度较高的资料，如将《岳阳楼记》与下列材料进行链接。

材料一

仲淹领延安，养兵畜锐，夏人闻之，相戒曰："今小范老子腹中自有兵甲，不比大范老子可欺也。"（宋·朱熹《三朝名臣录》）

链接原因是写出了范仲淹出色的文韬武略，内外兼修，其人格魅力令敌人也敬佩不已。

材料二

庆历六年（1046），范仲淹抵达任所邓州，重修览秀亭、构筑春风阁、营造百花洲，并设立花洲书院，闲暇之余到书院讲学，邓州文运大振。

链接原因是突出了范仲淹无论在朝堂，或者在地方，都能尽忠职守，自觉以天下为己任。

材料三

（范仲淹）内刚外和，性至孝，……而好施与，置义庄里中，以赡族人。凡爱乐善，士多出其门下，虽里巷之人，皆能道其名字。……为政尚忠厚，所至有恩。（《宋史》）

链接原因是彰显了范仲淹乐善好施，赢得百姓爱戴。

多个材料与课文综合实际上是为了得出古代文人风骨，即一种贬谪，两样风景，三重境界。人生无论顺逆，总在路上，与其患得患失，或志得意满，不如笑看风云，以宽厚之心待人，严于律己，先人后己，追求高尚的志趣情操，那么无论在哪一种境遇下，都可以活出真我。这在今天仍有借鉴和教育意义。

《论语》中“学而时习之”，告诉我们复习的重要性，复习课更需要教师的智慧，需要体现思辨色彩，唯有思考中的学习才能长久。复习的内容庞杂，则需要思考如何才能做到高效复习？如何将内容重新整理。需要教师的思考我们可以根据主题对教材篇目进行以下梳理，然后分类复习。

表2　七至九年级教材篇目梳理表

序号	类别	课文篇目梳理
1	革命文化	七下：6老山界/陆定一
2	传统文化	八下：2回延安/贺敬之　3*安塞腰鼓/刘成章　4*灯笼/吴伯箫
3	家国情怀	七下5黄河颂/光未然　7*土地的誓言/端木蕻良
4	乡音乡情	八下：1社戏/鲁迅 九上：14故乡/鲁迅
5	凡人小事	七上：13植树的牧羊人/让·乔诺 七下：10老王/杨绛　11*台阶/李森祥　9阿长与《山海经》/鲁迅 九下：5孔乙己/鲁迅　6变色龙/契诃夫　7*溜索/阿城　8*蒲柳人家（节选）/刘绍棠
6	感悟抒怀	七上：1春/朱自清　2济南的冬天/老舍　3*雨的四季/刘湛秋 七下：17紫藤萝瀑布/宗璞　18*一颗小桃树/贾平凹 八上：14白杨礼赞/茅盾　16*昆明的雨/汪曾祺
7	生活感悟	七上：6散步/莫怀戚　14*走一步，再走一步/莫顿·亨特　16猫/郑振铎 七下：14驿路梨花/彭荆风 八上：15*散文二篇永久的生命/严文井我为什么而活着/罗素 九上：16*孤独之旅/曹文轩
8	名家名人	七上：9从百草园到三味书屋/鲁迅　12纪念白求恩/毛泽东 七下：1邓稼先/杨振宁　2说和做——记闻一多先生言行片段/臧克家　3*回忆鲁迅先生（节选）/萧红 八上：7*列夫·托尔斯泰/茨威格　8*美丽的颜色/艾芙·居里
10	至爱亲情	七上：5秋天的怀念/史铁生　7*散文诗二首金色花/泰戈尔荷叶·母亲/冰心 八上：6回忆我的母亲/朱德　13背影/朱自清
11	师生之情	七上：10*再塑生命的人/海伦·凯勒 八上：5藤野先生/鲁迅

思考课文的主题特点，统筹复习的内容，是思考也是智慧。

三、思辨中关联

思辨性还体现在关注社会现实问题。语文教学不应该仅仅停留在纸上谈兵，而是要与现实社会相结合。教师可以引导学生通过文学作品了解社会问题，从而引发学生对社会现实的关注和思考。思辨最本质特点就是积极思考、提出问题、探究答案，并将阅读与自身经验和知识相结合，产生新的思考和创新。通过实践和应用，将阅读体验转化为具体行动，培养实践能力和实际操作能力。如书中的思想与当下社会关系是什么？它们能否帮助我们解决现实问题？如学习《皇帝的新装》时，我们不妨结合下面的2019年前后量子波动速读的相关材料进行教学。

资料链接：培训机构宣称，只要掌握了量子波动速读方法，就能在10分钟内阅读一本10万字左右的读物，并准确复述80%以上内容，“直接以心灵感应的方式高速获取信息”。昨天，北京青年报记者调查发现，杭州、驻马店、深圳等地均有类似机构开展相关培训，收费在6000元半年到26万“终身制”不等。

请同学说说，链接材料与文章有哪些相似的地方？

四、思辨中开放

语文教学思辨之美还在于鼓励学生拥有开放的思维，接纳不同的观点。学生应该学会尊重他人的观点，同时也应该学会质疑和表达自己的观点。

比如《秋天的怀念》一课，我们可以先大致概述一下整个事件，然后选择母亲几个最能打动人心的细节展开。可以选择母亲的角度来谈母亲的用心良苦，谨小慎微，隐忍艰难；也可以从作者的角度来谈，前后言行变化的背后，是一颗向着光明的心，当我们改变不了现实时，活在当下，放下一切，坦然面对现实是最明智的做法，而作者努力做到了。还可以谈谈文中比较少出现的妹妹，可以谈她眼中的哥哥和母亲。从多角度去思考，我们可以读出更丰满的人性及人生感悟。

又如，读完《海底两万里》，有的同学认为尼摩船长是英雄，有的同学认为尼摩船长是个暴君。两派学生发生激烈的争论。你认同谁的观点呢？请你结合名著内容证明你的观点。（观点+材料+分析）

再举个例子，尼摩船长准备再次进行南极大遨游，他需要三个帮手，现在有孙悟空、唐僧、保尔、尼德兰、阿龙纳斯、圣约翰、孔塞伊报名参加此次活动。你觉得尼摩船长会选择哪三个人呢？选择他们的理由是什么。请结合所选人物的能力、性格、人生经历等阐述理由。理由要充分、具体。

保尔这个英雄，真的存在吗？是文学的真实？还是生活的真实？祥子是悲剧，有人说他的悲剧命运是因为性格，也有人认为是社会原因，还有人认为是因为出身。你觉得是什么造成祥子的悲剧呢？读完全书你觉得书中还有哪些人也将最终走向毁灭的命运悲剧？到底是什么原因毁灭了这些人？悲剧的原因何在？带着思考精读相关章节，并查找资料，从内因、外因、社会原因、个人原因进行分析，写下你的探究结果，然后和同学就此做一次深入的讨论。《骆驼祥子》中第二、四章写祥子的“爱”“信”，第五章开始写了祥子的“怀疑”“不信”。祥子的一生是由“爱”向“恨”转变的。请结合原著说说由爱到恨，祥子经历了哪些事情？这些恨意对祥子产生了怎样的影响。《骆驼祥子》中老舍用了大量的动物来形容祥子，引发你哪些思考？有人说如果祥子和小福子结婚就不会是悲剧，你认为呢？

诺贝尔文学奖获得者辛克莱·刘易斯认为，《简·爱》的结尾过于圆满了，甚至脱离了那个时代女性不具备地位的社会特点，它是“败笔”。请你读完后评价，说一说你是否赞同这种说法。

上面开放性问题没有标准答案，需要学生自己分析、判断、评价，主动地去寻找信息、解决问题，而不是被动地接受知识。让学生从不同的角度、角色和维度去思考问题，而不是局限于一种思路和方法。促进学生的交流和合作，让学生能够倾听和尊重他人的观点。

五、思辨中创新

思考中激发创新意识。学生不仅要学会理解和吸收经典文本，还应该能够运用所学知识进行创新。教师应该给予学生足够的创作空间，鼓励学生进行写作表达、文学创作，培养学生的创新意识和创造力。如《钢铁是怎样炼成的》可以设计以下问题：（1）如果保尔有微信号，你觉得他的昵称会是什么？（2）如果保尔要成为我们的科任教师，他最有可能成为哪一学科的教师？还可以设计以下学习任务及评价。

还可以设计以下练习：给保尔写小传，自拟题目，不少于600字。要求结合人生经历，人物经历要全面、具体，语言要简洁，事例要生动。

语文教学不仅能够提高学生的阅读理解能力，更能够培养学生的批判性思维、创新能力和综合素养。思辨之美在于激发学生对知识的渴求，让学生在学习中愿意探索、质疑和创新，从而真正实现语文学科的教育价值。

衔接之美

《国家中长期教育改革和发展规划纲要（2010–2020年）》指出："人才培养体制改革要树立系统培养观念，推进大中小学有机衔接"，《义务教育课程方案和课程标准（2022年版）》加强了学段衔接，依据学生从小学到初中在认知、情感、社会性等方面的发展，合理安排不同学段内容，体现学习目标的连续性和进阶性。"学段衔接"的理念正契合了教育发展、学生成长的需求。

《义务教育课程方案和课程标准（2022年版）》的颁布，标志着核心素养已经成为基础教育阶段引领教学改革的重要引擎。以核心素养重构课程与教学体系既是知识社会与信息时代人才培养的现实诉求，也是对以往知识本位教育症结的必然应对。《课程方案（2022年版）》中指出："探索大单元教学，积极开展主题化、项目式学习等综合性教学活动，促进学生举一反三、融会贯通，加强知识间的内在关联，促进知识结构化。"随着教育改革不断推进，在新课程标准背景下，基于核心素养，推进大单元教学已经成为教师的必修课。基于核心素养，依据学生学情，大单元教学突破了当下教学实践中培育学生核心素养所面临的学科知识零散、学科能力低下带来的局限，减弱了教学的单一性，是落实学生核心素养的一个非常重要的途径。

当前，学生从小学升入初中，短期内难以适应，会出现学习成绩下降明显、上课无法准确抓住重点、作业完成质量不高等情况。小学教师对初中教材缺乏了解，仅凭经验教授小学知识、浅尝辄止；初中教师对小学教材不熟悉，无法在教授过程中联系小学知识，帮助学生建立一个连贯的思维。学生在断层的学习中，无法建构知识体系，产生了学习的盲区。通过调查发现，问题主要在小学与初中教学与知识的断层，知识衔接不够紧密，要求不够统一。

基于学生核心素养发展，实行语文学段衔接的教学实践与研究，建立小初两个学段知识、学习技能、教法与学法的有效衔接和过渡，深化语文知识体系，探究适合的学段衔接的教学模式和路径，提高课堂效率，具有开拓创新意义，将本课题研究成果转化为可供其他地区或其他科目参考或借鉴的经验或模式，在更大范围内推动第三、第四学段衔接教育改革。

当前美、芬兰、英、法、日本等国在课程融合、幼小衔接、小初衔接、初高衔接方面均提出了相应的教育策略，普遍采用“合并幼小学时、预备学前阶段、学分累计互认、双重注册课程”等方式。国外在不断探索并构建不同学段、不同类别教育之间衔接、融合和沟通的桥梁，以实现终身教育，这与各国国情及教育普及程度相吻合。

《义务教育语文课程标准（2022年版）》发布以来，“大单元教学实践研究”研究出现井喷式发展。在中国知网数据库中，其首次研究“大单元教学实践研究”是郭跃辉在2020年1月《语文建设》上发表的《基于文本解读的“大单元教学”设计——以部编教材七年级上册第二单元为例》，至今有264篇，其中有小学语文11篇、初中语文19篇。而对“小初衔接”相关论文仅50篇，在核心期刊发表的数量较少，且存在研究缺乏系统性和连续性，研究内容缺乏创新性、角度面窄等问题。

知网中“学段衔接”“大单元教学的策略与实践”相关的研究，主要内容体现在两个方面。

第一是对概念与内涵的界定。对“学段衔接”“大单元教学实践”“‘小—初’语文教学衔接研究”这几个概念阐述界定清晰。陈慈认为衔接即加强整体性研究，在教学中应注意研究中小学语文教材的内在联系，突出对学生学习方法的指导，注重培养学生的自学能力。吴春燕指出教师“小初衔接”教学中不仅要建立语文教学整体观，钻研教材体系，同时要根据学生的生理心理特点，加强学习方法的指导。近年来，随着经济的发展以及社会对于教育的日趋重视，小初衔接的研究才开始丰富起来，有了更多较为深入的研究。荣维东提出，开展大单元教学是核心素养教育的必然要求。大单元教学作为一种整合取向的课程开发和实施，与传统的单元教学在学习目标、知识形态、教学方式、情境任务设计、课程资源利用等方面迥然不同。大单元教学用“大观念”进行内容统摄，具有情境驱动特征。大单元教学的基本要素包括情境任务、统整内容、课程活动、动态评价。

林晶认为，为进一步增进小初课堂教学的交流，教师应更多关注学生的学习经历，找到适合的教学方法，尽早解决小初过渡期出现的问题，避免出现学习断层的现象，更不要让学生因为处在这个过渡阶段而降低学习成绩与能力。

严玥在《新课标引领下初中语文大单元教学实践研究》一文中，从宏观上分析了新课标引领下初中语文为什么要开展大单元教学以及大单元教学的特征，并提出一些具体的实践措施，如以语文大概念为中心，以任务、项目、问题为导向，以持续的课时为载体，组织多种多样的实践活动，提高学生的核心。郭霄霄在《基于部编本教材的阅读教学小初衔接研究》中提到以部编本教材五至七年级语文教材为研究基础，以问卷调查数据为依据，结合实际教学经历，分析部编本教材在阅读教学上的衔接特点，提出衔接策略。

第二是关于部编教材与课标对学段衔接的要求。部编语文教材总主编温儒敏教授指出，教师要熟读课程目标与内容，了解各个学段高低不同的要求是渐进的，看起来似乎是对同一知识点的重复，其实有深浅的差别，是螺旋式上升的。部编教材的编排结构中非常重视知识由浅入深的先后衔接。

综上所述，关于部编教材、学科衔接、大单元教学的研究都屡见不鲜，研究都从理论出发，结合实践，探究衔接不畅的原因，并提出改进建议。但多以梳理形式呈现，没有体现系统性、理论依据及具有可操作性的教学策略稍显不足，聚焦部编教材小学高段与初中的衔接性教学的案例较少。

慧美语文将五至九年级各学段教学目标序列化，设置学段衔接基础上各类型文本大单元教学的策略研究，包括教学设计、课堂教学实践、教学评价、教学效果评估。课题强调聚焦研究学段衔接读写共生大单元教学活动设计，落实课标"学—教—评"一体化的理念，依托五至九年级部编本教材，梳理第三、第四学段衔接的融合点、共生点，设计出规范、科学的学生阅读与写作学习任务单及评价量表，进而开展教学实践，不断总结出具体、系统的对策，提高课堂效率，提升学生语文核心素养，同时为一线教师和学者提供理论和实践研究参考，具有理论创新意义和实践意义。

为做好小初衔接教学，我制定了以下学段衔接读写共生大单元教学设计要求及体例要求。

一、框架说明

"学段中衔接单元整体教学设计"的框架包括设计意图、学习目标、教学实施、单元整体评价四个部分。各环节多用可视化的图表来呈现，更直观。学段衔接，不管是目标、任务还是评价，都应该兼顾到不同学段的学情，要有分层目标、要有选择性任务和分级评价。

设计意图：一般由4段文字组成。第1段阐述对跨学段所选篇目大单元选文的出处及说明进行重构的学理。可以从整体介绍单元情境、任务概念（对标新课标，教材、学生认知及学科规律），分说单元各篇课文的内容、本单元学习要求，及核心任务如何贯通各课段，重组单元教学设计的思路及学习要求；第2段介绍单元的核心任务，说明各课段的学习任务与核心任务之间的关系；第3段阐释单元的学习流程，以及各课段之间的关系；第4段在单元拆分或整合时出现，说明对单元进行拆分或整合的原因。

二、学习目标

学习目标由语言目标、思维目标和审美创造目标组成。语言目标指向的是这个单元几篇课文表现出来的独特且具有共性的语言现象或特征，不同学段学生应从这一单元必须学习的相应语文知识、获取的相应语文能力，指向的是存储于文本中的具体的、静态的规律性的知识；思维目标是蕴含于语言现象和文章结构中的思维方式、思维技能或思维品质，通过"思维"这个中介引导学生从文本的"语言"走向对于"人"的思考，指向作者和学生自我；审美创造目标指向学生通过感受、理解、欣赏、评价语言文字，通过思维培养发现生活中的美，并用文字表现出来。

三、教学实施

学段融合大单元教学重点是学习单元设计，突出学生的学习功能。一般由3～5个课段组成，依据单元整体设计的学习流程，最少3个课段，最多5个课段。各课段之间的勾连一般由并列、层进、分总或总分关系构成；每一个课段内部由学习任务、学习资源、课时安排、完成任务、学习评价构成。

我们从学习单元的角度进行设计。从学生的角度，各学段均可根据教学设计进行教学。课段的学习任务可以从学生活动（学生要做什么）与教师活动（提供知识清单，学习支架或学法指导等）进行设计。

（1）学习任务指学生在完成一个课段设定的学习活动后，应该形成的可视化的规定数量、设定质量的学习成果，遵循的是一种以终为始、“产品”导向的设计理念。

各学习任务的设计需要表述学段要求及融合点和共生点。

（2）学习资源。阅读资源按学生的学习能力及兴趣偏好分为基础阅读、拓展阅读和挑战阅读。因学习能力及兴趣偏好要结合具体的学情进行划分。需要提供详细的学习资源，写清楚资源类型及形式，分清必要资源和补充资源（也可以用其他形式）。

（3）课时安排。根据实际需要，按略微有余的原则进行时间安排，一般按每课时40分钟的常规时间进行计划即可（个案或特例除外）。另在每一个课段都预留一个机动课时，以便应对学习推进中可能出现的未能预设到的学习难点。

（4）完成任务。这是单元整体教学能否顺利实施的关键所在。一般情况下，要设计出能促进和推动学生自主阅读、自主思考、因感而抒的“学”与“教”的活动。初中阶段所涉及的绝大部分语文知识，学生在小学阶段基本都有所接触。这就需要教师利用教学智慧，结合执教班级的当下学情，迅速研判出在完成任务的过程中，“哪些内容是学生已经会的”“哪些内容是需要进一步学习的”“哪些内容是需要进行前置学习的”“哪些内容会形成学习阻碍”。也就是说，在完成任务的过程中，教师要特别注意并打破全班学生“齐步走”的理想状态。在完成任务的过程中，教师的“教”一定是随“人”、随“学”、随“难”、随“需”而教，不是为“完成任务”而教。

（5）学习评价。主要指向学习目标达成度和核心任务完成情况的评价，是一种对标检测。主要有三种常用的评价方式：一是利用变异理论进行的迁移学习；二是设置一套检测学习目标达成度的评量工具；三是针对核心任务提供的评价量规。教师使用时，应依照自己执教班级的学情，进行调整和修改，尽可能避免僵化套用。

学习评价的形式可以多样，自评、他评、师评。语言评价，量化评价，描述性评价等均可。需要是做一个评价量表。

四、单元整体评价

这一板块设置了两项内容：一是单元设计反思，二是测试反馈。

（1）单元设计反思。单元设计反思引导教师重点反思两个层面的内容。一是单元整体教学设计自身的问题。即要运用“语文教学评一致性”的原则，对单元整体教学设计的关键性结构要素之间是否具备统一、勾连、对应的特性进行自主检测；二是预估学习难点，给出克难建议。即设计者会结合已有的教学经验和积累，先说明并预测在各课段的学习推进过程中，学生最可能遇到的1～2个学习难点是什么，然后针对学习难点，为使用者提供1～2个解决预案或补偿教学策略。

（2）测试反馈。由必做题和选做题构成。必做题密切贴近单元学习内容，保证全班85%以上的学生能够完成；选做题应基于但高于单元学习内容进行的设计，是有一定难度的“挑战类”综合题，是给班级前15%或有较高兴趣、愿意进行尝试的学生准备的。测试反馈与各课段内学习评价的差异主要表现在这些方面：各课段内的学习评价是针对各课段学习的某项知识或能力设计的评价工具或量规，指向的是单元核心任务或问题中所含子能力的监测；测试通过1～2个综合性较强且包含了这一单元绝大部分学习要点的监测构成，考查学生自主运用语文核心素养解决真实情境中真实问题的水平。这种综合测试的方式，也在一定程度上帮助学生把在不同课段学习到的零散的知识进行一次基于任务完成的整合。

附：小初衔接案例

案例1：赴一场浪漫的四季之约

——写景状物散文跨学段读写共生单元整体教学设计

一、设计意图

日月经天，春风夏雨，秋霜冬雪，山川湖海，大自然四季景物皆成趣。本单元选取四篇写景状物的散文，分别是五年级上册的《四季之美》、六年级上册的《丁香结》、七年级上册的《春》和七年级下册的《一棵小桃树》，单元文本贯穿5～7年级。《四季之美》《春》是写景抒情散文，《四季之美》描绘了一年四季的美景动态变化和独特韵味，表达对自然的热爱之情；《春》描绘了一幅幅春草春雨春花等美丽的画面，大量运用比喻、拟人修辞，从春风、春草、春花、春雨和春天里的人等多个角度，写出了春天的生机盎然和昂扬向上，表达了对春天的赞美和歌颂。这类文章用优美的语言，描绘了多姿多彩的四时之景，抒发了亲近自然，热爱生活的情怀。《丁香结》《一棵小桃树》则是写景状物散文，抒发了一定的人生哲思。

根据新课标（2022年版）“阅读与鉴赏”第三学段（5～6年级）和第四学段（7～9年级）的要求，确定本单元的核心目标是：“品味四时之韵，感悟万物精魂。”根据这个目标，创设了一个核心情境和核心任务：春日融融，夏蝉虫鸣，秋叶飘零，冬雪纷飞，四时轮转，万物有趣。班级举办“赴一场浪漫的四季之约”云端旅游活动，邀请全班同学共同参与，最后制作一本《四季物语》的电子书。围绕核心任务，设置“美读——制作电子书第一篇章：扫码听音感物韵”“趣赏——制作电子书第二篇章：妙语丹青诗画廊”“巧写——制作电子书第三篇章：万物有魂花语台”三个课段，构建“朗读—鉴赏—写作”的跨学段读写共生模式。

学习流程分为三个课段，按照“美读”“趣赏”“巧写”的流程展开。第一课段是“美读”。有感情地朗读课文，准确把握语言节奏，能读准重音、停连和语气，感受汉字声韵之美和自然风韵之美。第二课段是“趣赏”。结合关键词句体味景物的动态之趣，学习比喻拟人修辞手法和借物喻人的写法，品味景物描写的诗画之趣；结合富有哲思的句子，感悟四时韵味，万物精魂之趣，获得人生思考和启迪。第三课段设计：“巧写”。能按照一定的顺序描写景物，利用所学写作技巧，借助图表支架，以炮仗花为对象独立完成一篇托物言志类散文的写作，抒写自然之韵，探究万物精魂。三个课段之间由浅入深，层层推进，前后勾连，使学生从朗读到鉴赏，从鉴赏到表达，不断增加学生的语言积累，培养学生对自然和语言文字的感受力，从而激发审美情感，提升精神品格。

学习流程设计如图所示。

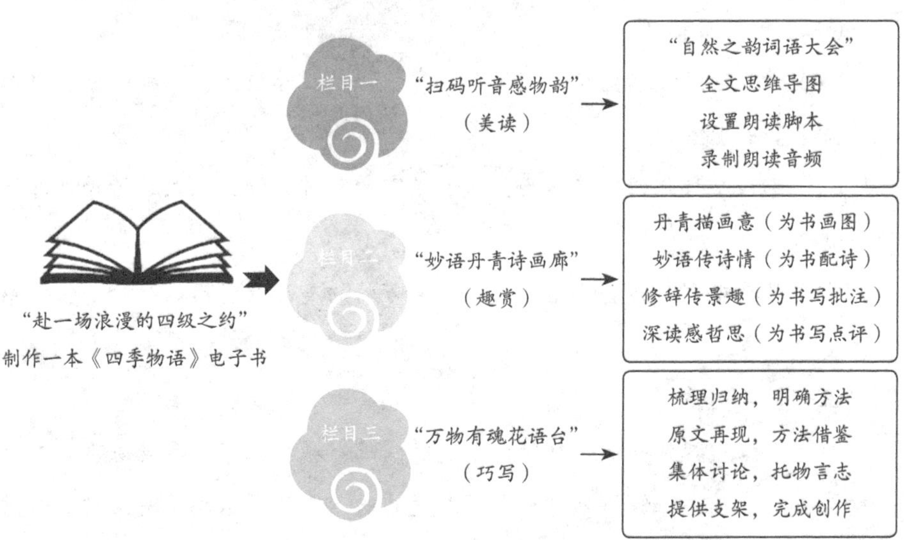

图1　写景状物散文跨学段读写共生单元整体教学设计

二、学习目标

（一）语言目标

（1）积累认识“旷”“怡”等生字，会写“黎”“晕”等字，会写“黎明”“红晕”等词语。

（2）有感情地朗读课文，准确把握语言节奏，能读准重音、连停和语气。

（3）揣摩和品味富有表现力的语言，感受四季自然景物的诗情画意和动态情趣。

（二）思维目标

（1）通过对语言的朗读、鉴赏、创意表达，提升直觉感知思维、形象思维。

（2）通过画面描写、动态描写或用拟人、比喻修辞等多种写作手法进行片段仿写，发挥想象，培养创造性思维。

（3）借助图表支架，独立完成一篇托物言志类散文的写作，培养创意表达能力。

（三）价值目标

（1）学生通过朗读感受、理解、欣赏、评价四篇散文，感知汉字和自然韵味，丰富审美体验。

（2）形成个性化的阅读体验，通过丰富的鉴赏、绘画、写作活动，增强审美创造能力。

（3）学会观察、体会生活，思考自然万物的美好及背后的生命价值，感悟生活。

三、教学实施

单元整体核心任务：春日融融，夏蝉虫鸣，秋叶飘零，冬雪纷飞，四时轮转，万物有趣；班级举办“赴一场浪漫的四季之约”云端旅游活动，邀请全班同学共同参与，最后制作一本《四季物语》的电子书。

第一课段：自然有声是天籁，嘤嘤成韵美读之

核心任务：制作电子书栏目一“扫码听音感物韵”。

（一）学习任务

（1）积累字词，读准、读通、读顺，制作“自然之韵”读书卡。

（2）梳理文章脉络，整体感知，绘制全文思维导图。

（3）结合重音、停连、语气等朗读技巧，为精彩文段设置朗读脚本。

（4）结合朗读脚本和朗读资源，小组合作录制朗读音频，制成电子书第一篇章：“扫码听音感物韵”。

（二）课时安排

4课时。

（三）学习资源

（1）核心资源：部编教材五年级上册第七单元第22课《四季之美》、六年级上册第一单元第2课《丁香结》，七年级上册第一单元第1课《春》，七年级下册第五单元第19课《一棵小桃树》。

（2）助读资源：

清少纳言《四季之美》朗读音频：部编版五（上）第七单元第22课《四季之美》；

宗璞《丁香结》小学语文六年级上册课文朗读，k12教育，好看视频；

朱自清《春》朗读音频；

贾平凹《一棵小桃树》（罗玲朗诵）有声读物喜马拉雅。

（四）完成任务

任务一：“自然之韵”词语大会。

（1）积累圈画重点字词，读准读通读顺，初感自然韵味。

四季词库

《四季之美》：心旷神怡、凛冽、闲逸、黎明、红晕、漆黑、愈发、夜幕降临、未免

《丁香结》：优雅、参差、伏案、笨拙、单薄、模糊、花蕾、衣襟、恍然、愁怨

《春》：窠巢、朗润、酝酿、卖弄、应和、嘹亮、烘托、静默、风筝、抖擞、赶趟儿、喉咙、呼朋引伴、花枝招展

《一棵小桃树》：孱头、猥琐、忏悔、哆嗦、矜持、执着、服侍、渺小、魂魄、幼稚、颤抖、赤裸、血气方刚、轰轰烈烈、祸不单行

（2）结合单元词库，按照指引，制作“自然之韵”词语卡。

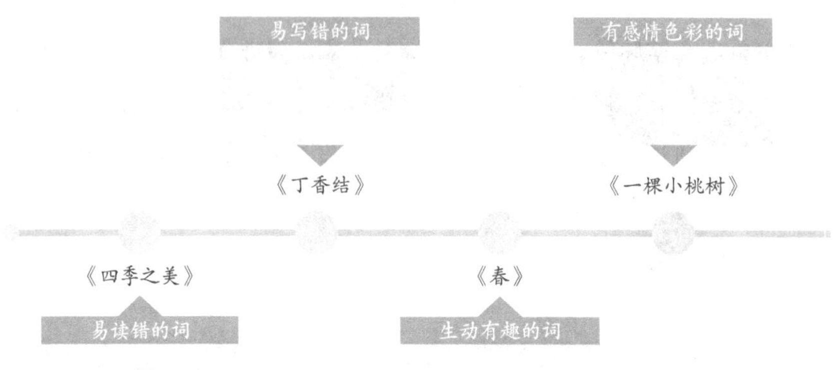

图2 自然之韵词语卡

（3）举办“自然之韵”词语大会，学生结合评价量表进行书写朗读展示。

表1 “自然之韵词语大会”评价量表

评价内容	星级评价	自评	小组评	师评
读准字音	☆☆☆			
不添字漏字	☆☆☆			
读流利	☆☆☆			
书写正确	☆☆☆			
书写工整	☆☆☆			
能讲述词语的意思	☆☆☆			
能用词语造句	☆☆☆			

设计意图

【课标链接】

识字与写字：第三学段“感受汉字的构字组词特点，体会汉字蕴含的智慧”“累计认识常用汉字3000个”；第四学段“能熟练地使用字典、词典独立识字”“累计认识常用汉字3500个”“学写规范、通行的行楷字”。

阅读与鉴赏：第三学段能联系上下文和自己的积累，推想课文中有关词句的意思，辨别词语的感情色彩，体会其表达效果。

【跨学段融合点】积累本单元生字词，规范书学，读准读通读顺，初感自然韵味。

任务二：梳理文章脉络，整体感知，分别绘制四篇文章的思维导图。

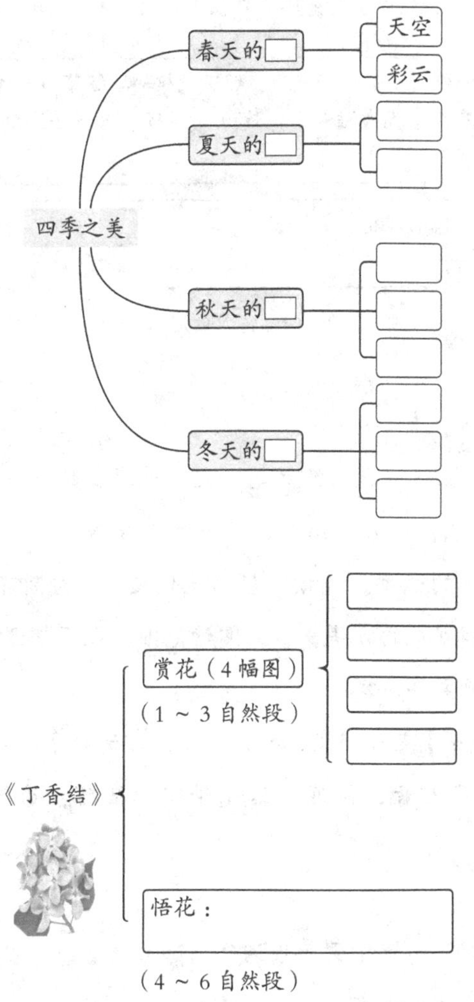

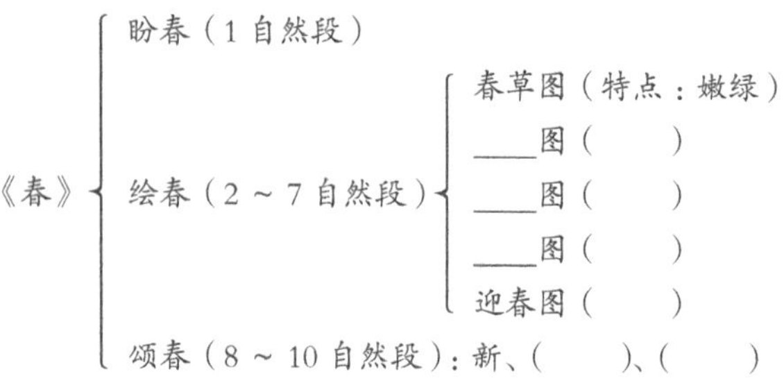

《一棵小桃树》

（明线）小桃树的经历：埋下桃核→冒绿芽→长到二尺高却无人理会→有院墙高却被嫌，只有奶奶照顾→开花→遭到大雨，花凋落→留花苞

（暗线）“我”的经历：

图2　四篇文章的思维导图

设计意图

【课标链接】

阅读与鉴赏：第三学段“默读有一定的速度，默读一般读物每分钟不少于300字。学习浏览，扩大知识面，根据需要搜集信息”；第四学段“养成默读习惯，有一定的速度，阅读一般的现代文，每分钟不少于500字。能较熟练地运用略读和浏览的方法，扩大阅读范围。在通读课文的基础上，理清思路，理解、分析主要内容”。

【跨学段融合点】默读课文，整体感知，理清文章思路。

任务三：学习重音、停连、语气等朗读技巧，为精彩文段设置朗读脚本。

1. 朗读技巧培训

（1）重音是对一句话中需要强调的词语加以重读，以引起听者的注意。一般用着重号“.”标示在词语下面。例如：

山朗润起来了，水涨起来了，太阳的脸红起来了。
春天像刚落地的娃娃，从头到脚都是新的，它生长着。

（2）停连是指朗读语流的停顿和连接。停顿，用∨标示在词语之间的上方，不限于标点处，句中有时也有小停顿；连接，用∨标示在词语之间的上方，表明为了表达的需要，在此处要一口气连贯地读下来，即使有标点也不停顿。例如：

> 坐着，ˇ 躺着，ˇ 打两个滚儿，^踢几脚球，^赛几趟跑，^捉几回迷藏。风 ˇ 轻悄悄的，草 ˇ 软绵绵的。

（3）语气，“语”指通过声音表现出来的语句；“气”指朗读时支撑有声语言的气息状态。

语气既有内在的思想感情的色彩和分量，又有外在高低、强弱、快慢、虚实的声音形式。可以用相应的表情符号表示不同情感的语气，例如：

2. 朗读方法总结

（1）对段落中表示强调的动词、形容词，或者表示程度的词语进行重读。

（2）对一个句子中表示突出强调的部分进行停顿；在句子中表情达意的转折处进行停顿；或者在那些需要展开想象或进行回味的词语后进行停顿。而在句子中内容联系比较紧密的地方，顺势连带，进行连读；或者在没有标点符号而内容需要有所区分的地方则进行连读。

（3）可以用上手势语、恰当的表情等，在朗读的过程中，想象画面，走入情境，读出美感。

3. 朗读脚本设置

每小组选一个精彩文段，从重音、停连、语气三个角度用相应的符号设置朗读脚本。

表2　设置朗读脚本

精彩片段	朗读脚本设置
夏天最美是夜晚。明亮的月夜固然美，漆黑漆黑的暗夜，也有无数的萤火虫翩翩飞舞。即使是蒙蒙细雨的夜晚，也有一只两只萤火虫，闪着朦胧的微光在飞行，这情景着实迷人	
从外面回来时，最先映入眼帘的，也是那一片莹白，白下面透出参差的绿，然后才见那两扇红窗。我经历过的春光，几乎都是和这几树丁香联系在一起的。那十字小白花，那样小，却不显得单薄。许多小花形成一簇，许多簇花开满一树，遮掩着我的窗，照耀着我的文思和梦想。	
“吹面不寒杨柳风”，不错的，像母亲的手抚摸着你。风里带来些新翻的泥土的气息，混着青草味儿，还有各种花的香，都在微微润湿的空气里酝酿。鸟儿将窠巢安在繁花嫩叶当中，高兴起来了，呼朋引伴地卖弄清脆的喉咙，唱出宛转的曲子，跟轻风流水应和着。牛背上牧童的短笛，这时候也成天嘹亮地响着	
我深深闭了柴门，伫窗坐下，看我的小桃树儿在风雨里哆嗦。纤纤的生灵儿，枝条已经慌乱，桃花一片一片地落了，大半陷在泥里，三点两点地在黄水里打着旋儿	

任务四：小组合作录制朗读音频，制成电子书“扫码听音感物韵”栏目。

（1）全班分成四个小组，每个小组从本单元4篇课文中选一篇。

（2）小组内分工，对文本进行朗读脚本设置。

（3）举办小组朗读展示比赛，读出美感，读出自然之韵，读出情感。

（4）小组完善修改朗读作品，选择合适的背景音乐，合作录制朗读音频，制作成电子书“扫码听音感物韵”栏目。

表3　朗读评价量表

评价内容	评价标准	我的星级（自评+他评）
读准字音，读通句子	发音基本标准，句子通顺，错误5～7处，得1颗星； 发音标准，句子通顺，错误3～4处，得3颗星； 发音标准，句子通顺，字正腔圆，错误1处以下，得5颗星	
重音得当，抑扬顿挫	声音洪亮，有2～3处明显重音，且重音朗读得当，得1颗星； 声音洪亮，有4～6处明显重音，且重音朗读得当，得3颗星； 声音洪亮，能完整地读出文章中所有地方的重音，且重音朗读得当，得5颗星	
停连适宜，节奏分明	有2～3处明显停连，且停连处理恰当，节奏分明，得1颗星； 有4～6处明显停连，且停连处理恰当，节奏分明，得3颗星； 能完整地读出文章中所有地方的停连，且停连处理得当，节奏分明，得5颗星	
语气语调，恰到好处	语气语调无明显起伏或不太符合文本的风格特色，得1颗星； 语气语调比较符合文本风格特色，有2～3处失误，得3颗星； 语气语调非常符合文本的风格特色，或急促如鼓点，或平缓如溪流，基本无失误，得5颗星	
饱含感情，打动人心	朗读平淡，缺少感情，得1颗星； 能通过声音的高低、强弱变化准确、用肢体语言恰当地表情达意，得3颗星； 朗读情真意切，能用肢体语言，入情入境，能让听者舒心悦耳、心随声动，得5颗星	

设计意图

【课标链接】

阅读与鉴赏：第三学段“熟练地用普通话正确、流利、有感情地朗读课文”，第四学段“能用普通话正确、流利、有感情地朗读”。

【跨学段融合点】有感情地朗读课文，准确把握语言节奏，能读准重音、连停和语气，感受汉字声韵之美和自然之韵。

第二课段：丹青画意诗情美，情趣哲思语中寻

核心任务：制作电子书栏目二“妙语寻趣诗画廊”。

（一）学习任务

（1）阅读四篇文章，品味富有画面感的词句，想象画面，为这些词句画一幅图。

（2）品味富有诗情的词句，为这些词句配上合适的诗句，制作成四季诗情读书卡。

（3）阅读四篇文章，品味富有动感和生机的词句，为这些词句作批注。

（4）阅读四篇文章，品味富有哲思的词句，为这些词句写阅读点评。

（二）课时安排

3课时。

（三）学习资源

核心资源：部编教材五年级上册第七单元第22课《四季之美》、六年级上册第一单元第2课《丁香结》，七年级上册第一单元第1课《春》，七年级下册第五单元第19课《一棵小桃树》。

（四）完成任务

任务一：丹青描画意。

（1）阅读入选电子书的四篇文章，圈画富有画面感的词句，品味四季的画意之美。

表4　品味四季的画意之美

富有画面感的句子	结合关键词品味四季画意之美
东方一点儿一点儿泛着鱼肚色的天空，染上微微的红晕，飘着红紫红紫的彩云。 ——《四季之美》	“鱼肚色”“微微的红晕”“红紫红紫”等词富有画面感，描绘了一幅图春日云霞绚彩图。（格式：________等词富有画面感，描绘了一幅________图。）
蒙蒙细雨的夜晚，也有一只两只萤火虫，闪着朦胧的微光在飞行，这情景着实迷人。 ——《四季之美》	

续表

富有画面感的句子	结合关键词品味四季画意之美
桃树、杏树、梨树，你不让我，我不让你，都开满了花赶趟儿。红的像火，粉的像霞，白的像雪。 ——《春》	
从外面回来时，最先映入眼帘的，也是那一片莹白，白下面透出参差的绿，然后才见那两扇红窗。 ——《丁香结》	
然而，就在那俯地的刹那，我突然看见那树儿的顶端，高高的一枝儿上，竟还保留着一个欲绽的花苞，嫩黄的，嫩红的，在风中摇着，抖着满身的雨水，几次要掉下来了，但却没有掉下去，像风浪里航道上的指示灯，闪着时隐时现的嫩黄的光，嫩红的光。 ——《一棵小桃树》	

（2）选择你最喜欢的一段文字，想象画面，把它画成一幅画。

（3）评选优秀的画作为电子书的这四篇文章配图。

任务二：妙语传诗情。

（1）搜集描绘四季美景的古诗词，组建“四季诗库”。

四季诗库

（2）品味富有诗情的词句，选择合适的诗句为文段配诗。

……花里带着甜味儿；闭了眼，树上仿佛已经满是桃儿、杏儿、梨儿。花下成千上万的蜜蜂嗡嗡地闹着，大大小小的蝴蝶飞来飞去。

我为此文配诗：________________________________

____

鸟儿将窠巢安在繁花嫩叶当中，高兴起来了，呼朋引伴地卖弄清脆的喉咙，唱出宛转的曲子，跟轻风流水应和着。牛背上牧童的短笛，这时候也成天嘹亮地响着。

我为此文配诗：________________________________

____

明亮的月夜固然美，漆黑漆黑的暗夜，也有无数的萤火虫翩翩飞舞。即使是蒙蒙细雨的夜晚，也有一只两只萤火虫，闪着朦胧的微光在飞行，这情景着实迷人。

我为此文配诗：________________________________

____

然而，就在那俯地的刹那，我突然看见那树儿的顶端，高高的一枝儿上，竟还保留着一个欲绽的花苞，嫩黄的，嫩红的，在风中摇着，抖着满身的雨水，几次要掉下来了，但却没有掉下去，像风浪里航道上的指示灯，闪着时隐时现的嫩黄的光，嫩红的光。

我为此文配诗：________________________________

____

在细雨迷蒙中，着了水滴的丁香格外妩媚。花墙边两株紫色的，如同印象派的画，线条模糊了，直向窗前的莹白渗过来。

我为此文配诗：________________________________

____

任务三：修辞传景趣。

（1）阅读四篇文章，从修辞角度为富有动感和生机的词句作批注，寻味四季情趣。

表5　为词句作批注

原句	所用修辞	批注指引
1. 秋天最美是黄昏。夕阳斜照西山时，动人的是点点归鸦急急匆匆地朝窠里飞去。成群结队的大雁，在高空中比翼而飞，更是叫人感动		“急匆匆”“比翼而飞”写出了乌鸦和大雁怎样的情态？
2. 有的宅院里探出半树银妆，星星般的小花缀满枝头，从墙上窥着行人，惹得人走过了还要回头望		“探”“窥”写出了怎样的情趣？
3. 鸟儿将窠巢安在繁花嫩叶当中，高兴起来了，呼朋引伴地卖弄清脆的喉咙，唱出宛转的曲子，跟轻风流水应和着。牛背上牧童的短笛，这时候也成天嘹亮地响着		以“牧童”的角度，用自己的语言描绘雨中吹笛的乐趣
4. 可我的小桃树儿，一颗“仙桃”的种子，却开得太白了，太淡了，那瓣片儿单薄得似纸做的，没有肉的感觉，没有粉的感觉，像患了重病的少女，苍白白的脸，又偏苦涩涩地笑着		作者对小桃树充满怎样的情感？

（2）评选出精彩的批注，为电子书的四篇文章配上点评。

任务四：深读感哲思。

（1）阅读四篇文章，品味富有哲思的词句，发表阅读感悟。

表6　发表阅读感悟

富有哲思的句子	你得到怎样的启发？
《四季之美》： 这情景着实迷人。 更是叫人感动 听起来也愈发叫人心旷神怡。 那闲逸的心情和这寒冷的冬晨多么和谐啊！	
《丁香结》： 丁香结，这三个字给人许多想象。再联想到那些诗句，真觉得它们负担着解不开的愁怨了。每个人一辈子都有许多不顺心的事，一件完了一件又来。所以丁香结年年都有。结，是解不完的；人生中的问题也是解不完的，不然，岂不太平淡无味了么？	
《春》： 春天像刚落地的娃娃，从头到脚都是新的，它生长着。 春天像小姑娘，花枝招展的笑着，走着。 春天像健壮的青年，有铁一般的胳膊和腰脚，领着我们上前去。	
《一棵小桃树》： 我心里稍稍有些了安慰。啊，小桃树啊！我该怎么感激你，你到底还有一朵花呢，明日一早，你会开吗？你开的是灼灼的吗？香香的吗？我亲爱的，你那花是会开得美的，而且会孕出一个桃儿来的；我还叫你是我的梦的精灵，对吗？	

（2）选择精彩的阅读感悟为电子书加入一段读后点评。

表7　本课段总体评价量表

评价项目	评价标准	我的星级得分		
		自评	他评	师评
为富有画面感的文段配图	图文吻合☆ 画面感强☆ 颜色鲜明☆			

续 表

评价项目	评价标准	我的星级得分		
为富有诗情的文段配诗	诗文相符☆ 诗歌意境优美☆ 诗歌情感内蕴匹配☆			
为富有动感和生机的词句作批注	能从词语、感官、修辞多角度作批注☆ 语言流畅，用词准确☆ 能体味作者思想情感☆			
为富有哲思的词句写阅读点评	点评紧扣关键词句☆ 能准确探究景物蕴含的哲思☆ 能发表自己独特的见解☆			

设计意图

【课标链接】

阅读与鉴赏：第三学段“能联系上下文和自己的积累，推想课文中有关词句的意思，辨别词语的感情色彩，体会其表达效果”“在阅读中了解文章的表达顺序，体会作者的思想感情，初步领悟文章的基本表达方法”。

第四学段“体味和推敲重要词句在语言环境中的意义和作用”“欣赏文学作品，有自己的情感体验，初步领悟作品的内涵，从中获得对自然、社会、人生的有益启示。对作品中感人的情境和形象，能说出自己的体验；品味作品中富于表现力的语言”。

【跨学段融合点】结合关键词句体味和推敲语言特色，学习比喻拟人修辞手法和借物喻人的写法，感悟四季诗情画意之美，理解作者情思。

第三课段：万物有志皆成趣，万花灿烂写精魂

核心任务：制作电子书栏目三“万物有魂花语台”。

（一）学习任务

（1）梳理归纳，明确方法：将《四季之美》《丁香结》《春》《一棵小桃树》进行比较，尝试从修辞、手法等方面，从比较中总结出写景抒情散文的写作方法。

（2）原文再现，方法借鉴：提取原文中经典段落，进行写作学习元素解析，并运用这些写作元素进行片段练习。

（3）集体讨论，托物言志：以广东常见的炮仗花为写作对象，明确所托之物与所言之志之间的联系，突破托物言志类散文的难点。

（4）提供支架，完成习作：提供图表支架，学生独立进行写作活动。

（二）课时安排

3课时。

（三）学习资源

（1）部编版小学语文教科书五年级上册第七单元第22课《四季之美》，六年级上册第一单元第2课《丁香结》，七年级上册第一单元第1课《春》，七年级下册第五单元第19课《一棵小桃树》。

（2）通过实地观察、查询资料等方式，了解自己喜欢的花的色香味等特征。

（四）完成任务

1. 任务目标

（1）能够根据第二学段所学知识，梳理归纳四篇散文的写作特色，从比较中总结出写景抒情散文的写作方法。

（2）能够解析原文经典段落的写作学习元素，并运用这些写作元素进行片段写作练习。

（3）能够以炮仗花为对象，明确所托之物与所言之志的关系。

（4）能够借助图标支架，独立完成一篇托物言志类散文，小学生500字，初中生600字。

2. 活动准备

（1）了解炮仗花的特点。

（2）通过实地观察、查询资料等方式，了解自己喜欢的花的色、香、味等特征。

（五）活动过程

提出课段核心问题：如何通过眼前之景表达内心之情？

任务一：梳理归纳，明确方法。

（1）学生通读四篇文本，结合第二课段所学方法，完成任务单。

表8　学习任务单：横向比读文本，归纳写法特点

文本	描写对象	写法特点
《四季之美》	春、夏、秋、冬	景物的动态变化
《丁香结》	丁香	写意式的色彩描写，花形的工笔白描，视觉，嗅觉
《春》	春风，春草，春花，春雨，春天里的人	图画组合式，比喻、拟人、排比、引用、联想
《一棵小桃树》	小桃树	托物言志，明暗双线，物我交融

（2）小组交流：小组成员互相传看和讨论彼此的学习任务单，互相补充修改，最后总结并整合一份小组的最终学习任务单。

（3）明确方法：教师通过学生的汇报，帮助学生总结提炼出散文写作的方法。

① 春夏秋冬中的一个或几个季节；
② 某个季节有代表性的景物；
③ 自己喜欢的某种植物。

① 使用直接抒情或间接抒情的方式；
② 采用托物言志的写作手法。

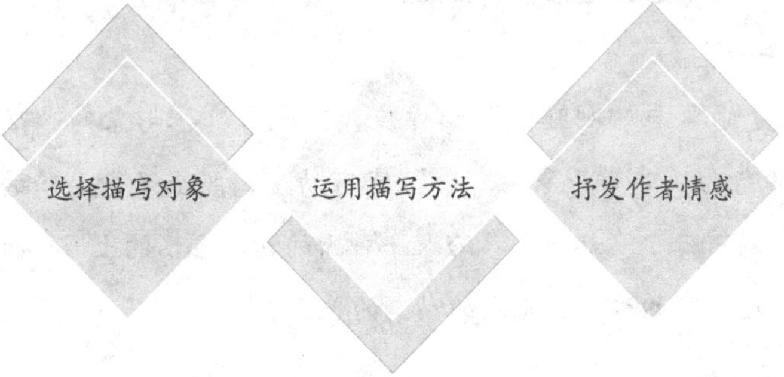

① 使用比喻、拟人、排比等修辞手法描写景物的特点；
② 调动视觉、听觉等五感,写出景物特点；
③ 抓住景物的动态变化，写出景物的特点。

图3　总结提炼出散文写作的方法

任务二：原文再现，方法运用。

全班分为五个小组，每个小组选取一个创作坊。

学习原文经典段落写作技巧，选择一种花进行片段仿写。

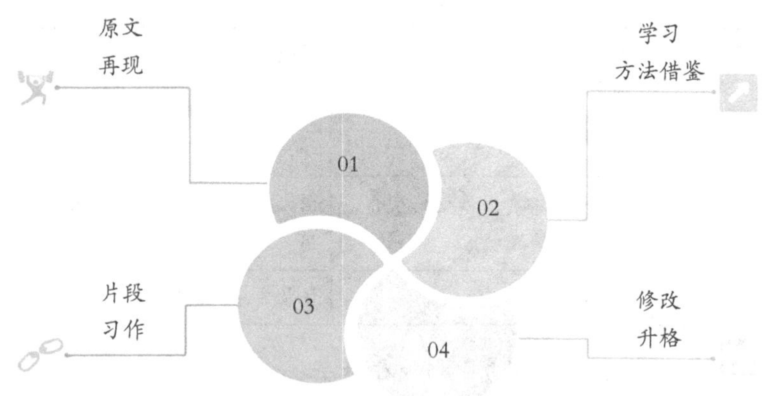

图4 原文经典段落写作技巧

（1）创作坊一

① 原文再现

一切都像刚睡醒的样子，欣欣然张开了眼（拟人）。山朗润起来了，水涨起来了，太阳的脸红起来了（排比，拟人、动态描写）。

② 方法借鉴

“张开了眼”与“刚睡醒”相呼应，不光有具体形象的“眼”，还有“张开”的行为，非常形象；“红”富有动感，照应了“太阳的脸”的特点，非常生动；三个“起来了”给人一种山的朗润、水的上涨、太阳的脸红都是一个缓慢变化的过程，充满的动态的美感。

③ 片段仿写

模仿该段描写自己喜欢的一种花。

④ 结合评价量表和写作支架进行修改升格

表9　评价量表和写作支架1

序号	写作支架	赋分	学生自评	同伴评	教师评	总分
1	运用两个精彩动词描写花	25				
2	运用一处拟人修辞描写花	25				
3	运用一组排比句描写花	25				
4	灵活运用动态描写	25				
评价说明：片段练习中使用了该支架打“√”，没有使用打“×”。						

（2）创作坊二

① 原文再现

“吹面不寒杨柳风”（引用），不错的，像母亲的手抚摸着你（触觉）。风里带来些新翻的泥土的气息，混着青草味儿，还有各种花的香，都在微微润湿的空气里酝酿（嗅觉）。鸟儿将窠巢安在繁花嫩叶当中，高兴起来了，呼朋引伴地卖弄清脆的喉咙，唱出宛转的曲子，与轻风流水应和着（拟人，听觉）。牛背上牧童的短笛，这时候也成天在嘹亮地响（听觉）。

② 方法借鉴

这段文字通过引用诗句开启春风图的描写。春天的景象被朱自清描写得多么精彩啊！读了这段文字，仿佛置身于万物复苏、味甜声美的春天之中，又仿佛在品赏一幅清丽明朗的水彩画。这幅画，吹着温暖湿润的风，散发着独属于春天的迷人气息，画中还有鸟儿高歌，流水和短笛应和。作家通过触觉、嗅觉、听觉的描写，使抽象的风有形、有味、有声，使风、鸟、短笛都成了有灵性、有情感的精灵。

③ 片段仿写

模仿该段描写自己喜欢的一种花。

④ 结合评价量表和写作支架进行修改升格

表10　评价量表和写作支架2

序号	写作支架	赋分	学生自评	同伴评	教师评	总分
1	引用一句古诗描写花	25				
2	运用触觉描写花	25				
3	运用嗅觉描写花	25				
4	运用听觉描写花	25				
评价说明：片段练习中使用了该支架打“√”，没有使用打“×”。						

（3）创作坊三

① 原文再现

图书馆北面的丁香三角地有十多棵白丁香和紫丁香，月光下白的潇洒，紫的朦胧（写意式的色彩描写）……每到春来，伏案时抬头便看见檐前积雪。雪色映进窗来，香气直透毫端（嗅觉）。人也似乎轻灵得多，不那么浑浊笨拙了。从外面回来时，最先映入眼帘的，也是那一片莹白，白下面透出参差的绿，然后才见那两扇红窗（视觉，写意式的色彩描写）。我经历过的春光，几乎都是和这几树丁香联系在一起的。那十字小白花，那样小，却不显得单薄。许多小花形成一簇，许多簇花开满一树（对花形的工笔白描），遮掩着我的窗，照耀着我的文思和梦想。

② 方法借鉴

作者在介绍丁香花的形象时，分别从视觉和嗅觉突出了它的颜色、形状、气味。月下的丁香是“白的潇洒，紫的朦胧”，伏案时看到的丁香是“檐前积雪”，外出归来映入眼帘的是“一片莹白，参差的绿，两扇红窗”交相辉映，煞是好看，这就是写意式的色彩描写。接下来还有对丁花香花形的工笔白描，“那十字小白花，那样小，却不显得单薄。许多小花形成一簇，许多簇花开满一树”，从局部写到整体，观察入微，描写生动，形神兼备。

③ 片段练习任务

模仿该段描写一种花。

④ 结合评价量表和写作支架进行修改升格

表11　评价量表和写作支架3

序号	写作支架	赋分	学生自评	同伴评	教师评	总分
1	运用嗅觉描写花	10				
2	运用写意式的色彩描写花的颜色，写出花的特点	45				
3	运用工笔白描的方法写花的花形，写出花的特点	45				
评价说明：片段练习中使用了该支架打“√”，没有使用打“×”。						

（4）创作坊四

① 原文再现

雨还在下着，我的小桃树千百次地俯下身去，又千百次地挣扎起来，一树的桃花，一片、一片，湿得深重，像一只天鹅，羽毛逐渐剥落，赤裸的了，黑枯的了（按照原来的意脉描写）。然而，就在那俯地的刹那（情感出现转折），我突然看见树的顶端，高高的一枝上，竟还保留着一个欲绽的花苞，嫩黄的、嫩红的，在风中摇着，抖着满身的雨水，几次要掉下来，但却没有掉下去，像风浪里航道上的指示灯，闪着时隐时现的嫩黄的光，嫩红的光（按照转折后的意脉描写）。

② 方法借鉴

福建师范大学孙绍振教授认为，意脉的特点是情的流动，总体而言具有三种形态，其中一种是意脉以变化转折呈现出线性的曲折状态，隐含情感的动态变化。在上面的这段文字中，我们能清晰看到意脉的转折。一开始，作者看见仍然在顽强挣扎的小桃树不禁十分心痛，联系到自己，作者也感到了灰心，于是，作者说桃花“像一只天鹅，羽毛逐渐剥落，赤裸的了，黑枯的了”，这是按照原来的意脉进行描写。但就在这时，作者的情感出现了转折，因为作者看见了桃树顶端的一个小花苞。这个小花苞象征着希望，出现在作者眼前。看见这花苞，作者便感到了鼓舞、力量，更加坚定了信念，领悟到人生中的风雨彩虹，迎难而上。所以作者说它像“风浪里航道上的指示灯，闪着时隐时现的嫩黄的光，嫩红的光”，这是按照转折后的意脉描写。

③ 片段练习任务

模仿该段描写花。

④ 结合评价量表和写作支架进行修改升格

表12　评价量表和写作支架4

序号	写作支架	赋分	学生自评	同伴评	教师评	总分
1	第一步：细致观察一种花，对其进行描写	45				
2	第二步：用表转折关系的词语或句子，写出情感的转折	10				
3	第三步：继续观察这种花，并按照情感转折后的角度再次进行描写	45				
评价说明：片段练习中使用了该支架打“√”，没有使用打“×”。						

任务三：集体讨论，托物言志。

（1）按志描物。以顺德常见的炮仗花为写作对象，明确所托之物与所言之志之间的联系，突破托物言志类散文的难点。

炮仗花是顺德常见的庭院植物，按照不同的“志”，设想怎样描摹“物”——炮仗花。

① 炮仗花的藤蔓爬得很高。言志：学习炮仗花意志坚定、登高望远的精神；托物：重点描写炮仗花的什么部位和情景？

② 之前，因房屋改建，炮仗花被铲除得如何彻底；之后，它怎样艰难地发出芽来。言志：学习炮仗花的生命力顽强；托物：重点描写炮仗花的什么情景和特点？

③ 炮仗花不能独立生长，总是攀附围墙或比它高大的树木。言志：批判炮仗花的攀附特点；托物：重点描写炮仗花什么特点和情景？

④ 炮仗花又名火焰藤。新春时节，满墙盛开的花串如同怒放的焰火，也象征主人家的富贵吉祥和好日子红红火火。炮仗花不仅极具观赏价值，还极具药用价值。它是一味中药，用于润肺止咳。言志：借炮仗花表现人要活得有价值。托物：重点写炮仗花什么情景？

⑤ 清理老房子周围的炮仗花，准备重修围墙时，发现它的根系非常发达，长得很茂盛，不好拔出。言志：根基好才能枝繁花盛；托物：重点写炮仗花什么情景？

⑥ 炮仗花蔓上的卷须很难拉动。言志：站得稳才能攀得高；托物：重点写炮仗花什么情景？

⑦ 不慎将炮仗花种在墙边，结果它的藤蔓沿着墙壁攀爬生长，将墙皮弄得潮湿、脱落，遮挡屋内阳光，破坏房子的防水，破坏墙体结构。被铲除的时候只需拦腰切断，被砍断后它会迅速枯萎，但来年春天又从根部长出。言志：借炮仗花表现除恶务尽；托物：重点描写炮仗花什么情景？

⑧ 依墙而种的炮仗花破坏力极大，但依靠花架生长的炮仗花却没有这些缺点，只展现自己美的一面。言志：合适的环境很重要；托物：重点描写炮仗花什么情景？

（2）写作活动：各小组每组写一篇“志”不同的《炮仗花》，150字左右，全班交流。

（3）评价修正。

表13　《炮仗花》托物言志评价参考标准

等级	标准
合格	“托物”与“言志”匹配
优秀	状物细致生动，言志清晰有深度；“托物”与“言志”匹配自然；富有可读性

任务四：提供支架，完成习作

（1）提供图表支架，学生独立进行写作活动。

表14　图表支架范例

图表支架范例	
写作元素	具体要求
明确主题	明确所写的散文要表达什么志向，根据欲言之志选择一种合适的物——花
修辞手法	运用两种以上的修辞手法，语言比较生动、形象
写作技巧	运用两种以上的感官，从颜色、形状、气味、声音等方面突出“花”的特征
篇末点题	采用点题式结尾法，在结尾阐述自己所言之志，增强文章的感染力

（2）明确评价要求，评价散文。

表15　散文评价量表

散文评价量表			
维度	评价内容	评价等级	评价说明
文章主题	明确所写的散文要表达什么志向，根据欲言之志选择一种合适的物——花	★★★★★	1. 文章所表达的情感或主旨比较模糊，得1颗星； 2. 文章所表达的情感或主旨比较清晰，得2～3颗星； 3. 文章所表达的情感或主旨清晰且集中，得4～5颗星。
写作手法	采用托物言志的手法，写出花的变化，“我”的变化，花与“我”之间的关系	★★★★★	1. 能采用托物言志的手法，所托之物与所言之志不太匹配，得1颗星； 2. 能采用托物言志的手法，所托之物与所言之志较匹配，得2～3颗星； 3. 能采用托物言志的手法，所托之物与所言之志匹配，并能写出花的变化，“我”的变化，“花”与“我”之间的关系，得4～5颗星。

续表

散文评价量表			
维度	评价内容	评价等级	评价说明
修辞手法	运用两种以上的修辞手法，语言比较生动、形象	★★★★★	1. 能运用两种修辞手法，但语言不够形象、生动，得1颗星； 2. 能运用两种或以上修辞手法，语言比较生动、形象，得2～3颗星； 3. 能综合运用多种修辞手法，语言表现力强，得4～5颗星。
写作技巧	运用两种以上的感官，从花的颜色、形状、气味、声音等方面突出花的特征	★★★★★	1. 能运用两种感官突出花的特征，语言不够形象、生动，得1颗星。2. 能运用两种感官突出花的特征，语言比较生动、形象，得2～3颗星； 3. 能综合运用多种感官突出“花”的特征，语言表现力强，得4～5颗星。
篇末点题	采用点题式结尾法，在结尾阐述自己所言之志，增强文章的感染力	★★★★★	1. 能采用点题式结尾法，但所言之志不够明晰，得1颗星； 2. 能采用点题式结尾法，所言之志明晰，增强文章的感染力，得2～3颗星； 3. 能采用点题式结尾法，所言之志明晰，并能正确使用意脉变化转折的方法，使意脉隐含情感的动态变化，增强文章感染力，得4～5颗星。

任务五：将写作片段和全文写作优秀作品汇编成电子书“万物有魂花语台”栏目

内容略。

任务六：学习评价

表16 “抒写自然之韵，探究万物精魂”活动整体评价量表

序号	评价内容	评价等级	评价说明
1	梳理归纳四篇散文的写作特色，从比较中总结出写景抒情散文的写作方法	★★★★★	1. 能够在组内积极参与梳理归纳活动，认真对待，得1颗星； 2. 能够从写作手法、修辞手法、写作技巧等角度，梳理归纳四篇散文的写作特色，得2～3颗星； 3. 能够从写作手法、修辞手法、写作技巧等角度，梳理归纳四篇散文的写作特色，并从比较中总结出写景抒情散文的写作方法，得4～5颗星
2	解析原文经典段落的写作学习元素，并运用这些写作元素进行片段练习	★★★★★	1. 能够积极参与写作学习元素的解析活动，认真对待，得1颗星； 2. 能利用写作学习元素，完成规定的片段练习，得2～3颗星； 3. 能利用写作学习元素，完成规定的片段练习，且文段具有可读性，得4～5颗星
3	以炮仗花为对象，明确所托之物与所言之志的关系	★★★★★	1. 能够积极参与以炮仗花为例的“言志”与“托物”关系的讨论活动，认真对待，得1颗星； 2. 能根据“《炮仗花》托物言志评价参考标准”完成200字短文，且所言之志与所托之物匹配自然，得2～3颗星； 3. 能根据“《炮仗花》托物言志评价参考标准”完成200字短文，所言之志与所托之物匹配自然，对“物”的描写生动具体，对“志”的描述准确深刻，得4～5颗星
4	借助“图表支架范例”，独立完成一篇托物言志类散文的写作，小学生500字，初中生600字	★★★★★	1. 能够积极参与以“花”为主题的托物言志散文创作活动，认真对待，得1颗星； 2. 能根据“图表支架范例”完成规定字数的散文写作，且所言之志与所托之物匹配自然，得2～3颗星； 3. 能根据“散文评价量表”完成散文写作，所言之志与所托之物匹配自然，对“物”的描写生动具体，对“志”的描述准确深刻，得4～5颗星

设计意图

【课标链接】

表达与交流：第三学段“懂得写作是为了自我表达和与人交流。养成留心观察周围事物的习惯，有意识地丰富自己的见闻，珍视个人的独特感受，积累习作素材”，能写简单的纪实作文和想象作文，内容具体，感情真实。

第四学段“多角度观察生活，发现生活的丰富多彩，能抓住事物的特征，为写作奠定基础。写作要有真情实感，表达自己对自然、社会、人生的感受、体验和思考，力求有创意”。

【跨学段融合点】利用所学写作技巧，择一景进行描写，描绘多姿多彩的四时之美，抒写自然之韵，探究万物精魂。

四、单元整体评价

（一）单元设计反思及实践反思

1. 设计反思

（1）立足核心素养，面向未来发展。

新课标提出“核心素养”育人目标，旨在引导学生通过语文实践活动积累、建构、运用语言，在这个过程中逐步形成正确价值观、必备品格和关键能力。本单元设计围绕语言运用、思维能力和审美创造等方面确立教学目标，尊重语言运用的基础地位，重视对课文中有哲思、有生机等富有表现力的语言的品位和鉴赏、模仿和创造，在朗读、品味、表达、创作等语言实践活动中提升语感，形成个体语言经验，感受四季自然景物的诗情画意，提升直觉思维、形象思维和创造思维，感知汉字声韵之美和自然风韵之美，丰富审美体验。整个单元教学设计站在学生本位的立场，着眼于学生素养内涵的建构，体现了语言运用、思维能力、审美创造为文化自信的融合，关注学生的未来发展、终身发展。

（2）体现学习任务群特点，重塑生长课堂。

核心素养是在语文实践活动中培养出来，在具体的情境中运用出来的，提升核心素养需要积极的语文实践活动。为此，本单元教学设计在核心素养的引领下，以设计电子书这一生活情境为基础，围绕“品味四时之韵，感悟万物精魂”这一主题，整合五年级上册《四季之美》、六年级上册《丁香结》、七年级上册《春》、七年级下册《一棵小桃树》这几篇跨学段的写景状物散文，设计了发布朗读音频、为文章配图配诗配点评等系列语文学习任务，最终完成电子书的设计编写。让学生在任务驱动下，主动生发出学习的愿望，主动探寻学习方法，主动运用方法解决实际问题，让学科本位的课堂转变为有生命力、有生长力的课堂。

（3）跨学科多媒体融合，发展多元思维。

本单元教学设计联合课堂内外、学校内外、综合运用多学科知识去分析问题，运用多种媒介去解决问题。在课堂中进行朗读脚本的设计，在课堂外利用录音软件和影音资源录制并发布朗读音频，扫码听音感物韵，形成学习成果。在赏读学习任务中，利用配图培养学生的形象思维。在巧写学习任务中，带领学生真正走进自然、走进生活，在真实情境中进行活动和体验，用文学的眼光、科学的眼光去观察和剖析问题，在实践中获得最真实的情感体验，让学生学会运用多维视角、发展多元思维。

（4）搭建学习支架，引领学习过程。

本单元教学设计让学生在学习过程中树立了任务意识，并将学习任务进行拆解、细化。特别是在“巧写”这一写作环节，教师帮助搭建了详细的学习支架，有课文素材写作方法的提取，有写作方法的细化，有对学生写作过程的监督，有对学习结果的对标评价，这样的学习支架，引领着学生的学习过程，不仅能够帮助构建学生的知识结构，还能提高学生完成学习任务的效率和信心。

2. 实践反思

（1）学习任务要让学生“愿意做、能做、想做”。

在实践过程中，我们发现，学生的学习兴趣高涨，主动学习愿望较强。这是因为具有生活味和实践性的学习任务让学生“愿意做”，细致明确的学习支架让学生“能做”，反馈性强的学习评价量表让学生“想做”。

（2）单元整体教学应注意前置性学习。

单元整体教学整合了多篇文章的学习内容，学习容量庞大，学生如在学习活动中对各课文内容的把握不够游刃有余，就无法做到切换自如。因而应该重视学生的前置性学习，让学生在阅读材料之前做好预习，了解背景信息，熟悉课文内容，这样有助于学生更快、更深入地理解文章，促进学习任务驱动下的能力提升。

（3）设计活动要重视学生的个性化需求。

在“趣写”课段的写作实践中，学生观察炮仗花的时间和角度有限，有些学生无法与炮仗花产生更多情感联系和共鸣。因而可以让学生自由选择自己熟悉、感性认同的事物作为托物，这样可以更好地激发学生的写作热情，并促进他们对自己内心的思考和表达。

遇见自然、遇见万物，奔赴一场浪漫的四季之约。我们在这场四时之旅中，遇见了有生命力的学生、有生长力的课堂、有价值性的教育样态，当然也留下很多遗憾。我们将会继续在跨学段的单元整体教学路上，不断探索优化教学设计，丰富积累实践经验，以更好地满足学生的需求和发展，为学生的小初衔接甚至面向终身发展的道路铺上鲜花，铺满芬芳。

（二）测试反馈

阅读宗璞的《紫藤萝瀑布》，完成以下任务。

紫藤萝瀑布

宗璞

我不由得停住了脚步。

从未见过开得这样盛的藤萝，只见一片辉煌的淡紫色，像一条瀑布，从空中垂下，不见其发端，也不见其终极。只是深深浅浅的紫，仿佛在流动，在欢笑，在不停地生长。紫色的大条幅上，泛着点点银光，就像迸溅的水花。仔细看时，才知道那是每一朵紫花中的最浅淡的部分，在和阳光互相挑逗。

这里春红已谢，没有赏花的人群，也没有蜂围蝶阵。有的就是这一树闪光的、盛开的藤萝。花朵儿一串挨着一串，一朵接着一朵，彼此推着挤着，好不活泼热闹！

“我在开花！”它们在笑。

“我在开花！”它们嚷嚷。

每一穗花都是上面的盛开、下面的待放。颜色便上浅下深，好像那紫色沉淀下来了，沉淀在最嫩最小的花苞里。每一朵盛开的花就像是一个小小的张满了的帆，帆下带着尖底的舱，船舱鼓鼓的；又像一个忍俊不禁的笑容，就要绽开似的。那里装的是什么仙露琼浆？我凑上去，想摘一朵。

但是我没有摘。我没有摘花的习惯。我只是伫立凝望，觉得这一条紫藤萝瀑布不只在我眼前，也在我心上缓缓流过。流着流着，它带走了这些时一直压在我心上的焦虑和悲痛，那是关于生死谜、手足情的。我沉浸在这繁密的花朵的光辉中，别的一切暂时都不存在，有的只是精神的宁静和生的喜悦。

这里除了光彩，还有淡淡的芳香，香气似乎也是浅紫色的，梦幻一般轻轻地笼罩着我。忽然记起十多年前家门外也曾有过一大株紫藤萝，它依傍一株枯槐爬得很高，但花朵从来都稀落，东一穗西一串伶仃地挂在树梢，好像在试探什么。后来索性连那稀零的花串也没有了。园中别的紫藤花架也都拆掉，改种了果树。那时的说法是，花和生活腐化有什么必然联系。我曾遗憾地想：这里再也看不见藤萝花。

过了这么多年，藤萝又开花了，而且开得这样盛，这样密，紫色的瀑布遮住了粗壮的盘虬卧龙般的枝干，不断地流着，流着，流向人的心底。

花和人都会遇到各种各样的不幸，但是生命的长河是无止境的。我抚摸了一下那小小的紫色的花舱，那里满装生命的酒酿，它张满了帆，在这闪光的花的河流上航行。它是万花中的一朵，也正是一朵朵花，组成了万花灿烂的流动的瀑布。

在这浅紫色的光辉和浅紫色的芳香中，我不觉加快了脚步。

阅读全文，完成宗璞《紫藤萝瀑布》读书卡制作

表17　宗璞《紫藤萝瀑布》读书卡制作

	必做题		选做题（选其中一个任务完成）	
精彩文段	积累生动的词语并摘抄下来	从重音、停连、语气三个角度为A句设置朗读脚本	任务一：自选角度为B、C句做批注	任务二：以“我不由得加快了脚步”为开头，利用本单元学的写作技巧，写一处你喜欢的景物
A. 从未见过开得这样盛的藤萝，只见一片辉煌的淡紫色，像一条瀑布，从空中垂下，不见其发端，也不见其终极。只是深深浅浅的紫，仿佛在流动，在欢笑，在不停地生长				
B. 每一朵盛开的花就像是一个小小的张满了的帆，帆下带着尖底的舱，船舱鼓鼓的；又像一个忍俊不禁的笑容，就要绽开似的				
C. 花和人都会遇到各种各样的不幸，但是生命的长河是无止境的				

佛山市顺德区顺峰中学　张丽媚

佛山市顺德区容桂街道教育办公室　罗艳芬

佛山市顺德区凤城实验中学　赵慧玲

佛山市容桂容里小学　张鸿静

佛山市顺德区吉镇实验中学　周晓平　供稿

案例2：破译小说密码，品味人生百态

——小初衔接学段小说大单元教学设计之《穷人》《故乡》（含《少年闰土》）《我的叔叔于勒》《变色龙》整合阅读

一、内容梳理

表1 对应课标梳理

语文课程标准（2022年版）	学段要求	发展型学习任务群——文学阅读与创意表达
第三学段	阅读叙事性作品，了解事件梗概，能简单描述印象最深的场景、人物、细节，说出自己的喜爱、憎恶、崇敬、向往、同情等感受	阅读表现人与社会的优秀文学作品，走进广阔的文学艺术世界，学习品味作品语言、欣赏艺术形象，复述印象深刻的故事情节，积累多样的情感体验，学习联想和想象，尝试富有创意地表达
第四学段	在诵读课文的基础上，理清思路，理解、分析主要内容，体味和推敲重要词句在语言环境中的意义和作用；对课文的内容可表达有自己的心得，能提出自己的看法，并能与他人合作，共同探讨、解决疑难问题	阅读表现人与社会、人与他人的古今优秀诗歌、散文、小说、戏剧等文学作品，学习欣赏、品味作品的语言、形象等，交流审美感受，体会作品的情感和思想内涵；尝试写诗歌、小小说等
融合点和共生点	在通读全文的基础上，梳理小说情节，关注环境描写及其他细节描写；对课文的内容和表达有自己的阅读感受和独特见解	品味小说语言、分析人物形象，产生丰富的情感体验，体会作品的思想内涵

表2　教材内容梳理

篇目	教材位置	所属学段	内容
《穷人》	六年级上册	第三学段	写了渔夫妻子桑娜出于善良和同情收留了邻居的两个孤儿，但害怕丈夫不同意而忐忑矛盾，结果渔夫归来，想法和妻子一致。赞扬了渔人夫妻哪怕身处困顿仍能保持一颗善良美好的心灵
《少年闰土》	六年级上册	第三学段	通过返乡的成年人“我”的视角，展现出故乡人与事的一幅幅画面，由闰土勾连出“我”的少年回忆，“现在”与“过去”的强烈对比寄寓着作者对旧中国及其人民命运的无限关切与深沉思索
《故乡》	九年级上册	第四学段	
《我的叔叔于勒》	九年级上册	第四学段	以孩子的视角写出一家人对叔叔于勒的态度变化，进而讽刺了阶级社会的人情冷暖
《变色龙》	九年级下册	第四学段	围绕狗咬人的事件，以讽刺幽默的手法塑造了一个溜须拍马、谄上欺下、见风使舵、趋炎附势的小人形象，揭露了沙皇俄国统治下的社会黑暗和官僚阶层的厚颜无耻

第三学段教材中的小说课文并不多，学习目标也仅仅停留在学会简单的情节梳理和人物形象分析上。第四学段教材中，较为集中地出现小说课文是在九年级上册第四单元和九年级下册第二单元。本单元融合第三学段和第四学段的小说课文，选取了《穷人》《故乡》（含《少年闰土》）《我的叔叔于勒》《变色龙》四篇课文，组成大单元教学，旨在帮助学生巩固之前的学习成果，更重要的是在小说阅读能力上迭代升级，使学生更进一步把握小说重点元素（情节、人物、视角等）并学会迁移运用，形成小说阅读能力。

二、单元整体设计

单元整体设计的核心任务是“整合小说阅读方法与策略，编撰《小说解读手册》”。这一核心任务的本质是小说赏读。所选取的四篇风格鲜明的小说提供了阅读小说的多种角度。学习流程安排：第一课段，梳理小说情节、掌握不同的叙述视角，留意人物的出场描写，为品析人物形象、感知小说主题做铺垫。第二课段，学习欣赏人物形象的多种方法，通过圈点批注对人物形象的细节描写作出简单的批注，填写小说人物档案卡片，改写故事情节，编演小品。第三课段，在梳理小说情节的基础上，从情节发展、人物形象、环境描写三个角度探究小说的多元主题。第四课段，以小组为单位，整合小说解读策略和方法，编撰《小说解读手册（小组版）》，全班展示，票选“最佳编写小组”；整合各小组设计亮点，以班级为单位，编制《小说解读手册（班级版）》。

三、学习目标

（一）语言目标

（1）学生通过阅读四篇小说，掌握小说的三种阅读方法：分析小说情节、品析人物形象和探究小说主题。

（2）学习欣赏人物形象的多种方法，通过圈点批注对人物形象的细节描写做出简单的批注。

（3）结合小说相关背景和学生自身生活经验，了解作品中映射的世态人情和时代风貌，理解小说主题，感受作品的社会意义。

（二）思维目标

（1）通过比较阅读，归纳、概括叙事视角不同带来的小说叙事的艺术效果的差异。

（2）通过联想和想象，归纳、概括人物虚写和人物出场描写对人物塑造以及小说情节组织的作用。

（三）价值目标

指导学生在分析人物形象、理解文章主旨的基础上，感受作者情思，触摸时代脉搏，体悟世态人情，以受到精神的感染和美的熏陶。

四、教学实施

第一课段：梳理情节，变换视角

核心任务：梳理小说情节、掌握不同的叙述视角，留意人物的出场描写，为品析人物形象、感知小说主题做铺垫。

（一）课时安排

2课时。

（二）学习资源

（1）核心资源：《穷人》《故乡》（含《少年闰土》）《我的叔叔于勒》《变色龙》。

（2）拓展材料

① 央视纪录片《跟着书本去旅行》第94集：旅行笔记——追寻鲁迅少年印记；

② 视频：《法国及意西文学：莫泊桑及其创作》。

（三）完成任务

任务一：走进小说，梳理故事情节，初步感知人物形象。

（1）默读四篇小说，尝试梳理故事情节。

示例：《我的叔叔于勒》一文，可根据下面的提示，从不同角度梳理课文的故事情节，并通过其他人物眼中的"他"，初步形成对小说主要人物的基本印象。

梳理故事情节的角度	（1）开端→发展→高潮→结局（情节） （2）原因→结果（逻辑） （3）期待→破灭（心理） （4）悬念→结局（技巧）

表3 从不同角度梳理故事情节

故事情节	菲利普夫妇眼中的于勒	"我"眼中的于勒
开端：盼于勒	败家子	"我的叔叔、父亲的弟弟、我的亲叔叔" 他善良、重视亲情
发展：赞于勒	有良心、正直的人	
高潮：遇于勒	小子、家伙	
结局：躲于勒	贼、讨饭的流氓	

（2）关注小说人物的出场描写，尝试推测故事的情节发展和结局。

表4 推测故事的情节发展和结局

人物	出场描写	预测故事的情节发展和结局
渔夫		
少年闰土		
中年闰土		
于勒		
奥楚蔑洛夫		

任务二：梳理比较四篇小说的叙事视角，分析不同的叙事视角形成的小说特色。

（1）阅读四篇小说，结合“小说视角及其作用”小卡片，梳理每篇小说的叙事视角。请依据叙事视角的分析示例，完成《穷人》《故乡》《我的叔叔于勒》《变色龙》的分析表格。

小说视角及其作用

在小说的故事层面之上，还有叙事层面。叙事视角是叙述时观察故事的角度，按照人称分为第一人称视角、第二人称视角、第三人称视角；按照形态分为内视角、外视角。所谓外视角即观察者处于故事之外，所谓内视角即观察者处于故事之内。着眼叙事视角是理解内容选取、人物形象、文章结构、主题意蕴的有效方法。

表5 《我的叔叔于勒》叙事视角分析表格

叙事视角：“我”	叙事变化：态度	读者思考：作用

（2）转换视角复述故事，分析不同的叙事视角形成的小说特色。

在《我的叔叔于勒》中任选一故事角色，尝试从他的角度再次讲述“于勒”的故事。

（提示：可以是船长、于勒、吃生蚝的太太、船上的其他人、一家人的邻居……）

小组内讲述展示，根据组员的意见进行改进，并讨论总结不同的叙事视角下的小说特色。

（五）学习评价

能梳理小说的故事情节、初步感知人物形象，梳理比较四篇小说的叙事视角，分析不同的叙事视角形成的小说特色，留意人物的出场描写，为品析人物形象、感知小说主题做铺垫。（具体学习评价参照下列评价量表）

表6　评价量表

序号	评价标准	等级
1	自主阅读，绘制人物卡片	☆☆☆☆☆
2	能梳理故事情节，初步感知人物形象	☆☆☆☆☆
3	能梳理\比较四篇小说的叙事视角	☆☆☆☆☆
4	能分析不同的叙事视角形成的小说特色	☆☆☆☆☆

第二课段：人物画廊，赏析形象

核心任务：学习欣赏人物形象的多种方法，通过圈点批注对人物形象的细节描写作出简单的批注，填写小说人物档案卡片，改写故事情节，编演小品。

（一）学习任务

学会多角度赏析小说中的人物形象。

（二）课时安排

2课时。

（三）学习资源

核心资源：《穷人》《故乡》（含《少年闰土》）《我的叔叔于勒》《变色龙》。

（四）完成任务

情景设置：光明学校文学社对文学作品中的经典人物形象进行排行。

TOP.1 《穷人》人物

《穷人》是俄国大作家列夫·托尔斯泰的一篇文章，主要写桑娜和丈夫在自家十分艰难贫穷的情况下，却主动收养因病去世的邻居西蒙的孩子的故事。塑造了桑娜和丈夫……

票数：635 投票

TOP.2 《故乡》人物

《故乡》是鲁迅的小说名篇，以“我”的一次回乡之旅为主要内容，通过描绘故乡环境、闰土与杨二嫂的变化，来反映中国农村经济日益破败、中国农民日益贫困的现实，从而批判了中国半殖民地半封建的社会。

票数：626 投票

TOP.3 《我的叔叔于勒》人物

《我的叔叔于勒》是法国作家莫泊桑的名篇。主要写“我”一家人在去哲尔赛岛途中，巧遇于勒经过，刻画了菲利普夫妇在发现富于勒变成穷于勒的时候的不同表现和心理，揭露了资本主义社会人与人之间的金钱关系。

票数：618 投票

TOP.4 《变色龙》人物

《变色龙》是俄国契诃夫早期创作的一篇讽刺小说，这篇小说的主人公奥楚蔑洛夫是“变色龙”的代表，世界文学史上有名的典型人物。作者运用夸张手法，不厌其烦地描写了奥楚蔑洛夫态度的五次变化……

票数：613 投票

任务一：自主赏析，个性展示

（1）阅读拾趣

请同学们快速浏览《穷人》《故乡》《我的叔叔于勒》《变色龙》这四篇课文，从课文中找出你喜欢的人物形象，并运用圈点勾画法标出人物描写精彩文段，并以批注的方式写出自己的阅读感受。

（2）个性展示

请同学们以模板形式进行分享：

我投票的人物是________（课文）中的________（人物），我觉得文中第________段的“________”这些文字对其描写得很精彩，运用了________（修辞手法、人物描写方法等）,让我读出了________。

学生利用屏幕投影，一边展示一边讲解，教师根据学生的展示进行总结板书。

语言描写：____

____

____

动作描写：____

____

____

外貌描写：____

____

____

神态描写：____

____

____

心理描写：____

____

____

刚才同学们欣赏人物都是从人物描写方法的角度进行赏析的，谁还能从其他角度来解读小说中的人物呢？

任务二：走进人物，匠心独运

（1）表现手法

① 下面是李峰制作的小说人物档案卡片，请你根据卡片要求填空。

表7　小说人物档案

人物	出处	人物资料	人物性格	方法
奥楚蔑洛夫	《变色龙》	在短短的时间里，随着狗主人身份的不断变化，奥楚蔑洛夫的态度也发生了五次变化，变化之快，跨度之大，令人瞠目。		
	《故乡》	深蓝的天空中挂着一轮金黄的圆月，下面是海边的沙地，都种着一望无际的碧绿的西瓜，其间有一个十一二岁的少年，项带银圈，手捏一柄钢叉，向一匹猹尽力的刺去，那猹却将身一扭，反从他的胯下逃走了。这少年便是闰土。 他身材增加了一倍；先前的紫色的圆脸，已经变作灰黄，而且加上了很深的皱纹；眼睛也像他父亲一样，周围都肿得通红，这我知道，在海边种地的人，终日吹着海风，大抵是这样的。他头上是一顶破毡帽，身上只一件极薄的棉衣，浑身瑟索着；手里提着一个纸包和一支长烟管，那手也不是我所记得的红活圆实的手，却又粗又笨而且开裂，像是松树皮了。		

（归纳表现手法：夸张、对比。）

② 在《穷人》《故乡》《我的叔叔于勒》《变色龙》这四篇课文里，同学们再找找哪些地方也用到了这些表现手法来刻画人物形象？

（2）通过故事情节来赏析人物

小说家通过叙述故事来塑造典型的人物形象，请你仿照示例，从下列人物中任选一个，结合相关情节加以分析。

桑娜　　菲利普夫人　　杨二嫂

示例：《故乡》中，少年闰土看瓜刺猹和雪地捕鸟这两件事，从中可以看出少年闰土是一个活泼可爱、富有表现力的少年。

（3）通过环境描写来赏析人物

屋外寒风呼啸，汹涌澎湃的海浪拍击着海岸，溅起一阵阵浪花。海上正起着风暴，外面又黑又冷，这间渔家的小屋里却温暖而舒适。地扫得干干净净，炉子里的火还没有熄，食具在搁板上闪闪发亮。挂着白色帐子的床上，五个孩子正在海风呼啸声中安静地睡着。丈夫清早驾着小船出海，这时候还没有回来。桑娜听着波涛的轰鸣和狂风的怒吼，感到心惊肉跳。

同学们，这是一段什么描写？我们又能读出怎样的人物形象呢？小组合作探讨分析。

（4）课堂小结

欣赏人物的角度有：

① 人物描写角度：语言描写、动作描写、外貌描写、神态描写、心理描写

② 表现手法角度：夸张、对比等

任务三：运用知识，发挥想象

（1）假如菲利普一家在船上遇到了百万富翁的于勒，他们会怎么做？

（2）如果根据《变色龙》课文内容编演一个小品，由你做导演，你对警官奥楚蔑洛夫、巡警叶尔德林、首饰匠赫留金这三个人物的衣着、表情、语气、动作等，会进行怎样的设计？说说你的想法。

（3）班级拟开展以“我想成为这样的少年”为主题的演讲比赛，在撰写演讲词时，课文里的一些人物形象给了你启发，请你具体说一说。

参考人物：《穷人》——桑娜、渔夫

《故乡》——“我”、少年闰土

《我的叔叔于勒》——若瑟夫

我想成为________，因为______________________________；

我想成为________，因为______________________________。

（五）学习评价

把《穷人》《故乡》《我的叔叔于勒》《变色龙》这四篇课文的主要人物分别制作档案卡片，然后在班里进行展示分享。

表8　人物档案

人物	出处	人物事件或具体描写内容	人物性格	描写方法

第三课段：百态人生，多元主题

核心任务：在梳理小说情节的基础上，从情节发展、人物形象、环境描写三个角度探究小说的多元主题。

（一）学习任务

（1）从情节发展角度探究小说主题。

（2）从人物形象角度探究小说主题。

（3）从环境描写角度探究小说主题。

（二）课时安排

3课时。

（三）学习资源

核心资源：《穷人》《故乡》《我的叔叔于勒》《变色龙》

（四）完成任务

任务一：从小说情节解密主题

> **小说主题**
>
> 小说的主题是小说的灵魂，一般是通过人物形象或故事揭示人生哲理、社会问题、价值观念等，是作者的写作目的之所在，也是作品的价值意义之所在。

（1）人物、情节、环境是小说的三要素。小说的主题思想需要在情节的发展过程中展现出来，要准确地理解作品的主题，必须理清作品的情节。分析情节，要善于把握故事的发展过程，了解情节的前后关联，把握情节发展中的冲突。

（2）请你根据第一课段所学内容，梳理四篇小说情节发展中的矛盾冲突，请仿照示例，将表格补充完整。

提示：矛盾冲突主要分为人与人之间的冲突、人与环境之间的冲突、人物内心的冲突三种。

表9 主要矛盾冲突

小说	矛盾冲突	冲突类型	揭示主题
《穷人》	①她的心跳得厉害，她自己不知道，她怎么会这样做，又为什么要这样做，但是她知道，她不能不做她已经做了的事。②桑娜心事重重，久久坐在床边，默不作声，既盼丈夫回来，又怕丈夫回来	人物内心的冲突	反映桑娜同情穷人、关心穷人的善良品质
《故乡》			
《我的叔叔于勒》			
《变色龙》			

任务二：从人物形象解密主题

（1）小说以塑造人物形象为中心。小说人物分为主要人物和次要人物。小说作者通过对生活的细致观察和深刻体验，借助联想和想象，用语言塑造了一个又一个鲜活的形象。小说的主题究竟是怎么借助相应人物来表达的呢？请参考《变色龙》示例，小组合作，完成对《穷人》《故乡》或《我的叔叔于勒》的主题探究。

示例：《变色龙》中的主要人物奥楚蔑洛夫警官面对底层百姓专横跋扈，听闻狗的主人是将军或将军的哥哥时立马改变裁断，阿谀奉承，以他对上下级的不同态度，批判了见风使舵、欺上瞒下的丑陋人性；小说中的赫留金、独眼鬼、厨师普洛诃夫，甚至次要人物围观的人都是推崇权贵、畏惧权贵的，他们在人物形象上相似，构成群像，反映出“权力至上”的社会氛围；奥楚蔑洛夫和群像人物共同指向对腐朽专制的社会现实的批判。

预设：

《我的叔叔于勒》中的菲利普夫妇认为于勒发财时称他“好心”“正直”，发现于勒破产痛骂他是“贼”“讨饭的”，姐夫也是看了于勒发财的信后才下定决心向二姐求婚，他们在人物形象上是相似的，以此批判利欲熏心，自私冷酷的人性；“我”（若瑟夫）深情呼唤于勒叔叔并给他小费，以此表达对亲情的呼唤；于勒穷困潦倒还被亲人抛弃，菲利普夫妇渴望体面的生活，却因贫穷不但不看重钱财，甚至姐夫得先保证物质生活而不能追求真正的幸福婚姻，他们在形象上是互为补充的，以此反映了小人物的辛酸和无奈。

《故乡》借成年闰土和杨二嫂，共同展现旧中国人民物质和精神的沉沦。在物质方面两者是相似的，都是生活于底层，贫穷的，以此强化主题表达；在精神方面一是麻木，一是尖酸刻薄，是互为补充的，共同表现主题。“我”、成年闰土、杨二嫂，三者之间的关系都存在隔膜，借这些的人物关系的相似，强化反映充满隔膜的社会的主题；水生和宏儿像幼年的“我”和闰土，关系亲密纯粹，与现在“我”、闰土、杨二嫂之间的关系形成对比，作者借此表达对美好崭新生活的盼望。

（2）小结：小说中的主要人物和次要人物之间存在或相似（甚至构成群像），或对比，或互为补充的关系，由一个人延伸到一类人，指向同一个或多个主题。

（3）整合四篇小说中的主要人物，分析其代表群体和所反映的社会现实。

表10　主要人物

小说	主要人物	代表群体	反映社会现实
《穷人》			
《故乡》			
《我的叔叔于勒》			
《变色龙》			

任务三：从环境描写解密主题

环境描写

小说的环境描写，包括自然环境和社会环境两个方面。环境描写主要是为展示人物行动和命运及人物的性格创造必要条件，提供生动的背景，但同时也是以间接的形式表现主题。

（1）阅读四篇课文，分析下列有关社会环境描写的句子反映的社会现实，填写表格。

表11　社会环境描写反映社会现实

小说	社会环境描写的句子	反映的社会现实
《穷人》	天又黑又冷，但渔夫的茅屋里却温暖如春，炉火还没有熄灭	
	小木屋又潮又冷	
《故乡》	从缝隙向外一望，苍黄的天底下，远近横着几个萧索的荒村，没有一些活气	
《我的叔叔于勒》	哲尔赛岛是穷人们最理想的游玩的地方。这个小岛是属英国管的	
《变色龙》	四下里一片沉静，广场上一个人也没有，商店和饭馆的门无精打采地敞着，面对着上帝创造的这个世界，就跟许多饥饿的嘴巴一样，门口连一个乞丐都没有。	

（2）查找作者的生平信息，了解其创作的时代背景，填写表格。

表12　作者创作的时代背景

小说	作者	国籍	时代背景
《穷人》			
《故乡》			
《我的叔叔于勒》			
《变色龙》			

（3）点面结合，结合小说反映的点和查阅的时代背景面，任选角度，小组合作，每人选一篇课文，谈谈小说的主题。

表13　分析小说的主题

切入角度	小说篇目	小说主题
社会现象		
人性美丑		
人生哲理		
家庭伦理		

（4）小结常见的小说主题，补充表格内容。

表14　常见的小说主题

小说主题	表现
家庭亲情	亲情、家风、代沟、传承
故乡童年	
传统文化	传承、匠人精神、民俗民风
美德宣扬	真、善、美；个人——集体——社会
青春成长	
生命文明	自然、生命、科幻、人文
反思社会	社会现状、人类行为（功利、盲从、浮躁、环保）

（五）学习评价

表15 五星评价表

任务	评价内容	五星评价	评价标准
任务一	1. 找准矛盾冲突，分析其类型； 2. 学会从矛盾冲突中分析小说主题	☆☆☆☆☆	1. 梳理矛盾冲突准确，得2颗星； 2. 梳理矛盾冲突准确，分析矛盾冲突类型，得3颗星； 3. 梳理矛盾冲突准确，分析矛盾冲突类型，准确揭示小说主题，得4颗星； 4. 书写工整，梳理矛盾冲突准确，分析矛盾冲突类型，准确揭示小说主题，得5颗星； 5. 每道题5颗星，共1题，总计5颗星
任务二	1. 小组分工明确，合作讨论； 2. 根据示例，从人物形象的角度分析小说主题；	☆☆☆☆☆	1. 根据示例，从人物形象的角度分析小说主题，得2颗星； 2. 小组分工明确，根据示例，从人物形象的角度分析小说主题，得3颗星；
任务二	3. 分析人物代表的社会群体和反映的社会现实	☆☆☆☆☆	3. 小组分工明确，根据示例，从人物形象的角度分析小说主题，分析人物代表的社会群体，得4颗星； 4. 小组分工明确，根据示例，从人物形象的角度分析小说主题，分析人物代表的社会群体和反映的社会现实，得5颗星； 5. 每道题5颗星，共2题，总计10颗星
任务三	1. 分析社会环境反映的社会现实； 2. 了解创作背景； 3. 结合创作背景，任选角度，揭示小说主题	☆☆☆☆☆	1. 分析社会环境反映的社会现实，得2颗星； 2. 分析社会环境反映的社会现实，了解创作背景，得3颗星； 3. 分析社会环境反映的社会现实，了解创作背景，结合创作背景，任选角度，揭示小说主题，得4颗星； 4. 分析社会环境反映的社会现实，了解创作背景，结合创作背景，任选角度，揭示小说主题，小结小说主题类型，得5颗星； 5. 每道题5颗星，共4题，总计20颗星

第四课段：小组合作，破译解读

核心任务：以小组为单位，整合小说解读策略和方法，编撰《小说解读手册（小组版）》，全班展示，票选“最佳编写小组”；整合各小组设计亮点，以班级为单位，编制《小说解读手册（班级版）》。

（一）学习任务

（1）整理前三课段学习的内容，小组交流总结小说解读方法和策略。

（2）编撰《小说解读手册（小组版）》和《小说解读手册（班级版）》，设计标题和封面，并排版美化。

（二）课时安排

2课时。

（三）学习资源

前三个课段中整理出的学习笔记。

（四）完成任务

（1）先自行整理总结前三课段的学习内容，再进行小组交流讨论，总结出小说解读策略和方法，完成《小说解读手册（小组版）》。

（2）各小组展示作品，全班票选“最佳编写小组”。

（3）成立《小说解读手册（班级版）》编委小组，明确分工，尽量丰富手册内容，并设计标题和封面，对手册内容进行排版美化。

（4）交付印刷，并派发到全年级各班传阅学习。

（五）学习评价

表16　《小说解读手册》编印评价量表

序号	评价标准	星级评价	得星情况
1	内容丰富，能够全面、多角度总结小说解读的策略和方法技巧；无错别字	内容不够丰富，有错别字，得1颗星； 内容较为丰富，无错别字，得3颗星； 内容丰富，能够全面、多角度总结小说解读的策略和方法技巧，无错别字，得5颗星	

续 表

序号	评价标准	星级评价	得星情况
2	能够详细解释每一条小说解读策略如何运用，并举例说明	不能详细解释每一条小说解读策略如何运用，举例较少，得1颗星； 能够较为详细解释每一条小说解读策略如何运用，举例较多但不全面，得3颗星； 能够详细解释每一条小说解读策略如何运用，并举例说明，得5颗星	
3	插图、色彩与小说内容、情感和谐一致	插图、色彩与小说内容、情感不符，得1颗星； 插图、色彩与小说内容、情感大体相符，得3颗星； 插图、色彩与小说内容、情感相符，得5颗星	
4	排版美观舒适，字号大小适中，有一定的审美效果	排版粗糙，无审美效果，得1颗星； 排版、字号等大体舒适，美观，得3颗星； 排版美观舒适，字号大小适中，有一定的审美效果，得5颗星	

佛山市顺德区杏坛实验初级中学　周晓平
佛山市高明区华英学校　罗漪嫦
佛山市高明区沧江中学　张如枫
佛山市高明区东洲中学　谭秀华
佛山市高明区第一中实验学校　叶红玲　供稿

成长之美

教学过程教师需要不断地与学生进行交流和互动，了解学生的学习需求和困难，从而不断优化教学方法和策略。通过与学生的互动，教师可以更深入地理解学生的心理和思维，提高教学适应性和针对性，从而不断提升自己的教学水平。教学是师生“双向奔赴”的过程，教师和学生会相互影响，共同取得进步。

一、促进教师多方面的成长

一是教学知识和能力的提升。教师需要不断深化自己的学科知识和教学方法，学习新的教学理念和教育技术，以提高自己的教学水平。教师可以参加专业培训、教学研讨会、学科研究等活动，不断充实自己的教学知识和能力。

二是教育教学理念的更新。随着教育发展和社会变革，教育教学理念也在不断更新。优秀的教师需要持续关注教育理论和研究成果，不断反思和调整自己的教学理念，以适应时代的要求和学生的需求。

三是教学经验的积累。教师的成长需要通过实践来积累经验。在教学过程中，教师会面临各种不同的情况和问题，通过解决问题来积累经验并总结教学方法，可以逐渐提高自己的教学效果和教学质量。

四是师德师风的塑造。优秀的教师不仅要有扎实的教学知识和教学能力，还要具备高尚的师德师风。教师需要树立正确的价值观和道德观，以身作则，为学生树立榜样，培养学生的道德品质和社会责任感。

五是教学资源的拓展。教师应该不断拓展教学资源，丰富自己的教学内容和教学手段。教师可以通过阅读、参观、研讨等方式，积累教学资源，提供更加多样化和有效的教学内容。

六是教学创新和改进。教师的成长包括教学创新和改进。优秀的教师不断尝试新的教学方法和策略，勇于改进自己的教学实践，以更好地满足学生的学习需求和适应教学的发展。

七是教师自我反思和专业发展。教师应该经常进行自我反思，审视自己的教学效果和教学方法，找出问题并寻求解决之道。同时，教师应该有计划地进行专业发展，不断提升自己的教学水平和职业素养，实现新教师——骨干教师——名教师——教育家的成长。

二、促进学生的成长

《国家中长期教育改革和发展规划纲要（2010–2020年）》指出“坚持德育为先立德树人”“引导学生形成正确的世界观、人生观、价值观”“坚持能力为重”“教育学生学会知识技能，学会动手动脑，学会生存生活，学会做人做事，促进学生主动适应社会，开创美好未来”。从中我们可以看出“呵护本能、修炼本性、增长本事”方为成长，只有真正从学生发展角度出发的语文教学工作才会得到学生、家长的认同，才能让学生的未来能获得长足持久的内驱力。

美国俄亥俄大学的一项研究表明，人类所有的行为都是由15种基本的欲望和价值观所控制的，其中好奇心、荣誉感（道德）、被排斥的恐惧、独立、人际交往这些本能对孩子的影响非常大。所以在语文教学工作中，要让孩子体验身边人的生活状况、生活特点和生活态度。如每到假期，我都要求孩子去父母工作的地方“见习”三天，这三天孩子认真观察父母是如何工作的，如何与他们的同事相处的，想一想如果是我会怎样做等，在体验中锤炼心性，修炼本性。

引导孩子规划未来，思考“我将来要成为怎样的人”，孩子自然会去了解各种职业的要求、特点、性质，需要怎样的素质。并对自己形成比较中肯、客观的评价。价值观教化人、指引人，让人活得有意义、有价值，让人真正超越动物本能而以“人”的姿态活在这个世界上。

三、让学生增长本事

（一）学生在成长中发现人生的意义

人生的意义最终是“建构”的，需要思考力，需要人生历练，也受文化环境的影响，还可能由于机缘巧合发生逆转。人生总是面临选择，但有时做出选择是一件极困难的事情，如某人继承家族产业可解决几千人的生计问题，可他的人生理想和兴趣却是野外探险，何去何从？因此，发现人生的意义可能是一个漫长而又痛苦的过程，很多人终其一生都走在寻找人生意义的路上。

教师引导学生过有意义而不是浑浑噩噩的人生。语文教材中有关人生意义的文章，在学生面前打开了一扇扇窗户，让学生看到那么多的人生选择，为他们做出自己的人生选择提供了参考。

（二）学生在成长中发现生活的真善美

学生通过语文学科的学习，看到老王他虽残疾，但用三轮车诠释着自立，虽孤苦伶仃、身世凄凉却淳朴善良、知恩图报。他用香油和鸡蛋告诉世人待人需真诚、真心，他是滚滚红尘中的一股清流。可以设计这样的教学活动：为老五写一份200字的颁奖词：有学生这样写道：老王是一个残疾人，是一个靠蹬三轮车活命的人，是一个孤苦伶仃的人，是一个身世凄凉的人，是一个不被重视的人，是一个淳朴善良的人，是一个知恩图报的人，是一个仁义、老实厚道的人，并有一颗金子般的美好心灵，是一个临死前还送我香油和鸡蛋的人，是一个让我想起来就感到愧怍的人，是一个人我们每个人都去拷问自己灵魂的人……学习了《精神的三间小屋》“当我们把自己的精神小屋建筑得美观结实、储物丰富之后，不妨扩大疆域，增修新舍，矗立我们的精神大厦”，打算在精神大厦里安放宽容、理想、希望、坚强、友爱、谦逊、勇敢、勤劳、善良、正义、无私、豁达、开朗、感恩、奉献、亲情、爱情、友谊……学生的精神宇宙，该是多么辽阔啊！

（三）学生在成长中遇见最美的自己

培养学生做善良、宽容、友爱、诚信、正直的人，这是社会最基本的要求，也是人与人交往中最基本的要素。培养学生做有追求、受人尊敬的人，一个人只要有正确的追求，就会受到他人的尊重。袁隆平研究水稻受世人敬佩，时传祥掏粪一样受到大家的赞美，因为他们是有追求的人。在“我说未来”主题班会时，我既对那些拥有远大志向的同学表示欣赏，也对那些平凡的志向竖起大拇指。培养学生做有信仰的人。有信仰的人不孤单，信仰是支柱也是前行的灯塔，我希望学生成为一个有信仰的人，在追寻信仰的路上会遇到最的自己。

认真听课，细心写作业，仔细读题等一些看来微不足道的小事实际上是为未来的大事做铺垫。就如诺贝尔物理学奖得主卡皮察在幼儿园学到把自己的东西分一半给小伙伴们，不是自己的东西不要拿，东西要放整齐，吃饭前要洗手，做了错事要表示歉意；午饭后要休息，学习要多思考，要仔细观察大自然……这些为他增长本事打下了基础。

引导学生在成长中理性、客观地看待生活。比如《秋天的怀念》一课，看到作者在母亲面前摔东西或发脾气的一幕时，我们定会有所触动。我们理解作者内心极度的痛苦，但毫无遮掩的发泄，接受者所受到的伤害非常大。这会引发同学们强烈的共鸣，因为他们正处于青春期，发泄往往在不经意间。由作者触发的情感，必然会引发同学的自省。这份感情可以融入笔尖，也会迁移到生活之中。另一种情况，可以通过其他文章的触发，再来看此篇，可能会有新的感悟。总之，认真地阅读，对比地阅读，或者多问自己几个为什么，只要静下心来细细去体悟，一定会有新的发现。以下是某学生读完的怀念，后的收获。

母亲的悲剧人生落幕了，她以一生的苦难，换回一颗觉醒的心。纵观拥有伟大心灵的人背后，都有一个承受苦难，却从不言苦的坚强母亲。母亲的生命陨落，换回一颗有着蓬勃生命能量的心。儿子不仅接受了外物，感受到菊花的烂漫、热烈和深沉，更能从中得到生命的启迪。热烈的不仅是眼前所见北海的菊花，更是一个人对生活的态度，对人生的全新思索。他懂得了，不仅懂得了母亲没有说完的话，更懂得人应该如何面对他的苦难，怎样的人生才更有意义。人一旦理清活着的思绪，就怀着使命般倔强生长，他已不再畏惧身边的艰难困苦。不能不说，这是母亲用自己的生命换回来的。以生的艰难，换回无涯的爱，激励着儿子在苦难中依然能够活出自己的精彩与价值。

附 录

附录1：学生的写作成长笔记

以下是摘录部分学生的写作成长笔记。

（1）拟人句是根据想象把“物”当作“人”来叙述或描写，使“物”具有“人”一样的言行、神态、思想和感情。一句话，拟人就是用写人的词句去写物，这种手法又叫作“人格化”。把动物拟人化，把植物拟人化。我们把用来修饰人的语言、神态、动作、心观、状态、感觉等词语用来修饰物，以人之心度物之心。

（2）写好写人叙事类作文务必把人事放在特定的氛围中、情境下写出他们的所作所为。突出人物的性格，写出事情的曲折波澜，用环境描烘托，用写作手法美化，事中融入情感哲理。

要把人物写得有立体感，丰富而又传神。写人，最容易出现的问题是人物性格平板，个性不够鲜明突出，人物性格只是围绕其中的一、两个特点行文，所以文章显得单调。

写一件事时，人物性格的多个特征要随着事情的进展不断丰满。要在不同场景中写人，因为人是社会的人，人物性格、品质与个性只有在不同的生活场景中才能得以多方位的呈现与展示。因此，写人一要注意将人物置身于不同的生活场景中，让读者看到多面的、立体的人。注意在文段中过渡语句的灵活运用，让整篇文章有水乳交融之感。二要虚实相生丰满人物性格（特别注意的是虚与实表现人物性格的不同面。特别注意虚实的过渡一定要自然，是顺理成章的事情，不要让人觉得太突然了。）实写是对眼前真实事物的描写，一般是眼睛能直接看到的事物或景物，都是身边的实物；三要虚写则刚好相反，它所描写的事物要么是由眼前的事物联想或想象得到，要么是已经发生了的。疏密相间地写人，一般是指写很多件事时，则要有些事详写，有些略写。或是有的概括写，有2～3件则详细、具体地写，来表现人物性格特征。运用多种表现手法写人。

（3）一篇曲折有趣、波澜起伏的文章，就像幽深壑谷、起伏峰峦，给人以新、奇、美的感觉，引人探胜访幽，充满无穷的诗意美。文章如果平铺下叙，一览无余，则索然寡味；如果有起伏，有变化，有曲折，有波澜，则能引人入胜，耐人寻味。

波澜起伏有十招的歌诀，悬念伏笔摇曳好，对比照应新意到，明暗波澜高功劳，抑扬虚实现妖娆，意外巧合着新袍，插叙倒叙要记牢，条条绝招显风骚。

（4）景物类作文写作技巧，抓住景或物的特点。写出景物的变化。写景、物不是最终目的，他们是情理的托物。情理是核心。做好人事情理的过渡。把握好景、物与人事、情理的相似点。景物描写在前，人事情理在后。可以景物、人事同时写，也可以先写景后人事、情理。

（5）注意过渡语句的美化，与文章要融为一体。一般来说，下面几种情况需要过渡：由这件事转到另一件事时需要过渡，记叙的时间发生变化时需要过渡，由倒叙转入顺叙时需要过渡，运用插叙时的起止处需要过渡，转入议论抒情时要过渡。该怎样做呢？由物的某一个点引发人的情感、哲理认识，可以用议论、抒情句，甚至是抒情句过渡，转入下文更为深刻、细致的情理。

（6）哲理类文章的写法。题目具有哲理性的词或短语或句子，是给人启示的。采用托物寓意法或寓理于事法。从整体上说，“生活中的哲理”这一话题极其宽广，所谓生活，它既可以是个人的，也可以是社会的；它既可以是历史的，也可以是现实的；它既可以是内在心理的，也可以是外在现实的。小而言之是日常生活中的事理，大而言之是社会、历史中的规则等。

因而，写这样的话题作文首先就要做到从小处选材，如选取自己日常生活中亲身经历的，有着真切感受的事件，从中引发对生活哲理的思考，也可以立足现实，由他人经验引发议论，切中主题。注意避免行文“大而空”。可以选取生活海洋中的一点一滴，比如一帧速写，一幅剪影，一个镜头，去表现其丰富的内容和深刻的哲理。

这样，文章才能做到“大处着眼，小处着手”，从而使文章说理形象生动而不失虚空。其次是选材要精当，要善于深入挖掘日常生活中所蕴含的哲理，特别是要能从别人不注意的现象中寻求哲理，这样就能使文章具有深刻性的同时也不乏新意。

让人物把哲理说出来，让景物把哲理说出来，借自然规律把生命的哲理表现出来。让事情把哲理撑起来。捕捉生活中的一份情趣或理趣，常常由一点生发开去，从浅到深，从现象到本质，以细节写哲理。

（7）要读懂《老王》需要关注作者这一时代的作品如《干校六记》《洗澡》；还要阅读反映这一时代的其他作家作品，如冯骥才的《一百个人的十年》，路遥的《平凡的世界》，陈忠实的《白鹿原》；还要关注不同文体如北岛的诗歌《回答》和顾城的《一代人》，及柳忠秧的《向阳湖的历史天空》。

（8）如何积累素材？从课本中找素材，从名著中找素材从，从经历中找素材，从名人中找素材，从感悟中找素材，从“生活语文”中找素材，从民俗中找素材，从记忆中的美好乡村生活中找素材，从现实中大家找热点素材。

（9）对比手法的小贴士。对比能鲜明突出表现特征，有力而真实地表现中心，艺术效果完美呈现，感染力逐步加强，印象启示深刻充实，前后变化鲜明细致，主题刻画明确突出。有关思考如下：①对比次数：几次为宜？②对比内容：怎样的内容？③对比结构：前后怎样衔接？④对比方式：采用哪些方式对比？⑤对比方面：选取哪些对比点？⑥对比详略安排：如何决定详略？得出以下结论。a. 对比次数：3次左右，插叙更具艺术效果。b. 对比内容：突出文章主题的内容。c. 对比结构：前后有衔接过渡句，如“那已不是我记忆中的……”“我记得……”等形式。d. 对比方式：前后式、间隔式、融为一体式。e. 对比点选取：人、物、情感、认识的对比，注意同一个点进行两次以上的描写，如手，对比点要细；描写要注意细节描写。f. 对比详略安排：可以一次详一次略。

（10）《阿长与〈山海经〉》中的先抑后扬写作技巧心得。先抑后扬具有使行文曲折多变，事件波澜起伏，情感真实可信，过程符合规律，主题突出明确的作用，那么写作中又该如何落实这些要求呢？引发师生的思考抑扬点应怎样选取？“抑”点次数多少为宜？“抑”点的语言表达形式有哪些？“抑”的文字多少为宜？“扬”点应怎样选取？“扬”点是否撑得起“抑”？由“抑”到“扬”该如何过渡？

“抑”点至少从写作对象的3个方面选取，写作对象一般是人、物、景，“抑”点4次以上为宜。“抑”点的语言表达形式可以从描写方法（外貌、语言、动作、神态、心理、细节；花枝叶，根茎果、色香味、触感等入手），描写角度（正面、侧面）入手，含蓄表现对象给人带来的厌恶、轻视、漠视、贬斥之感。“抑”的文字一般占全文40%。“扬”点应选取最能体现精神品质的事件（一个事件或一个点）进行描写。“扬”点撑得起“抑”点必须与众不同，或别人做不到他做到，总的来说就是让灵魂震动。

附录2：学生作品

水墨年华，我的选择

陈铭凯

初至江南，正值烟雨朦胧的时节。古城，江畔、桥旁，一把把油纸伞盛开在这烟雨下，整个江南，汇成一幅如梦似幻的水墨画。

“画”中薄雾弥漫，烟气聚拢而又消散。在这烟雨江南中，我选择了水墨，选择了水墨的优雅与质朴。

初次接触水墨并不愉快。不经意间溅出的水墨，还有我不听使唤的总在纸上留下一片浑浊的手，都让我难以静下心来。笔尖的“抑扬顿挫”与落笔时的轻重缓急成为我心中的痛。没有浓淡之韵，也没有深浅之美，更没有水墨之魂。第一次与水墨的接触就在烦躁与郁闷中草草收尾。

经历了数天的练习之后，我总算能控制笔了，再不像最初那般不知轻重，一笔落下便是混沌一片、狼狈不堪了。两年后，我的水墨画大有长进，画画时教师经常表扬我，甚至把我的作品当样板挂出来。

一天晚上，我带了自己最得意的一幅画——李可染的《万山红遍》的模仿画——回家。不出所料，我获得了一致的赞许与认可，我愈加觉得，自己选择水墨画是再正确不过的决定。第二天，我带了这张《万山红遍》回校给同学们看，满心欢喜地准备接受大家的惊呼声，却被誉为“水墨画神手”的“挑剔鬼”把我的画抢了过去。他不停地上下翻转，放近了看又放远了看，然后把我的画随手往桌上一扔，说：“这画得什么呀？你以为把红墨水泼上去就成《万山红遍》了吗？四不像！”旁人附和的讥笑声让我羞愧难当，我只默默地把画收起，逃也似地、落寞地走回座位。

这几天的课我没有听进去，脑海中不断回放着那扔画的画面和那声冷得透骨的“四不像”。我又不禁怀疑，我选择水墨对吗？

我找到母亲，主动申请取消后几期的水墨课程，母亲只是满脸诧异地看着我，竟然没有提出反对，只是说：“好，但你跟我再去一趟江南。”

再至江南，仍是一片烟雨朦胧。本来我是提出晴天去江南的，但母亲坚决地选择了又一个烟雨天。

我回到了最初拥抱水墨的那座古城，还是那道江畔，那座桥，烟雨中的一切，陌生而又熟悉。

“走吧，到桥上走一走，不用撑伞，感受一下江南的烟雨吧。”穿过巷中攒动的油纸伞，我走到青石桥上。清风夹杂着潇潇雨丝轻轻拂过我的双颊，我转过身，又一次望向江南——这如梦似幻般的秘境。雾中，雨中，古城的一砖一瓦、一草一木，汇成又一幅水墨画，唤醒我心中的向往与最初的选择。

“你之所以选择水墨，是因为你追求独属于你的向往与美好，与他人的冷嘲热讽无关。”母亲撑着一把油纸伞走来，说。不知不觉中，这把油纸伞，与这烟雨、江畔、石桥，一并融为我心中的水墨画。

烟雨易散，水墨永凝。人生长卷中，我选择了水墨，选择了属于自己的烟雨江南。

我与梨花有个约定

周梓锆

丛中群芳无处寻，但留清香满人间。

——题记

正值三月，梨花开得正好，清风拂过院子里的梨花树，花瓣纷纷飘落，翩跹起舞，缱绻缠绵。缕缕花香，片片花瓣撩起往事。

清明至，梨花开。院子角落里的梨花树缀满朵朵灿花，春风掀起花的裙裾，儿时的我一起陷进春的暖意。我跑着跑着，一头扎入外婆宽大的怀里，她慈祥地看着我说，这是花信风，梨花与风有一个约定，每个四月，她都会吹开一座梨园，将自己奉献给花儿，岁岁如此，永不相负。我被这个童话般的约定迷住，世间原有如此纯洁美好的约定！

讲完故事，外婆总会让我和她一起捡拾满地的梨花。外婆把捡来的梨花堆进水盆里，满屋都是清香，她扶着水盆，另一手将白糖，糯米等依次倒入，用红棕色的木筷搅拌溶解。她提起盆底，将盆中的食材慢慢地倒入模具。白白的浆液像村子里炊烟那样朦朦淡淡，淡淡朦朦。盖上竹蒸笼盖子，我蹲在灶前，看着橙红色的小火舌跳动着，蒸汽腾腾，煨着煨着就是一个下午。

掀开盖子的那一刻，我像喜鹊一样跳跃着，梨花糕个个晶莹剔透，星散着鹅黄色的花瓣干。拣起一个尝，甜甜的、糯糯的、温温的，满是春天的味道。梨花的淡雅与糯米的浓醇相得益彰我想，这是梨花与糯米的约定吧。花香荡漾在唇齿中，回味悠长。

外婆装好一大箱梨花糕，拉着我上山，山上积雪仍未消融，洁白纯净，恰似梨花。到了山顶哨所后，几个健壮、年轻的戍边战士跑出来，道：“婆婆，您又来了！”外婆急忙将梨花糕送去，战士们谢过后便欣然享用梨花糕。我观察到他们的脸，快冻成了紫红色，却处处荡漾着青春的气息，白雪细絮落在他们的军帽上，像葳蕤着朵朵梨花。

下山时外婆对我说道："正是因为有了他们，我们才能欣赏到院中的一树琼花，给战士们送去一些家的味道，是我与梨花的约定！每到这个季节，我也给你做梨花膏，这是你我的约定。"

又到了那个四月，新冠肺炎疫情暴发了。隔离在家的我，愈加想念外婆梨花般的笑靥，与院子里那娉婷的梨花树。静谧的午后，有人敲响了家门，打开门，淡淡的梨香如潮水般涌来，我寻香而至，居然是一箱梨花糕！箱子面还铺着一层氤氳着泥土芳香的梨花。还有奶奶的信："孙啊，许久没回来了，想你了，寄你爱吃的梨花糕，这是你我的约定……"我尝一块，仍旧清甜，脑海里缱绻外婆那天下山的话。我将梨花糕包装好，写上"从中无处寻群芳，但留清香满人间"，快步送给了小区里做核酸的医护人员。

那天街上的梨花树开得灿烂，高大的身子像外婆的背影，梨花纷落，仿佛星光满天，那是我与梨花的约定。

四月春风，玉花不叟。最旖旎的邂逅，是我与梨花一个充满情愫的约定。

青松与英雄

陈凯旭

岁月的轮盘又一次被拨动，村口的古松又一次吐出了新绿。老人矗立在松树下，和古朴的松树映成古朴坚毅的雕像。

这是张大爷，小时候我就不敢接近他，见到他，远远的躲着，怕他黧黑的皮肤，刀刻斧凿似的皱纹，裂隙般粗糙的手，尤其是锋利而尖锐尖刀似的眼神。

张大爷在村里一待就是几十年，他总是独来独往，也不见什么人来看他。他经常采许多野花，独自一人去山林。

父亲说，听上辈人说1945年张爷爷就在村里了，1949年毛主席用湖南口音在天安门城楼上宣布“中华人民共和国中央人民政府今天成立了！”时，他一边朝后山林奔去，一边用哭泣的声音对着土堆高呼：“咱们胜利了……”大家才知道，张爷爷原是战士、党员。张爷爷和两百名战士在这里与日本鬼子进行八天鏖战，最后剩下两人——张爷爷和小八路。张爷爷让小八路逃出送信，自己留下来陪伴战士们。村里人为每个战士修了坟墓和墓碑，墓碑上刻有战士的姓名，人生经历等。从此张爷爷开始守护这篇松林和碑林。

这之后，每每见到张爷爷我都会多看他几眼，有几次我还偷偷跟在他后面。

老人傍晚都会去碑林。他用颤抖的手打扫枯叶，给每一块墓碑上都放上野花，一边放一边说村里通公路了，老魏的孙子考上了大学，大陈家的苹果园丰收了……一边说，一边笑，一边哭。我心里涩涩的。

那次爷爷接我回家，路上遇到张爷爷。两个爷爷一路攀谈，爷爷说：“要不是你留下来，这个村就成了鬼村。你在这里几十年给村里修公路、通铁路、办工厂、净水源、办学校……你是英雄啊！”“我只是不负青春，不负党，尽我职责而已，松林里的才是英雄啊。”他酱油色刚毅的脸庞，流露出坚毅的眼神，流露出来的时光镌刻出的英雄之光。

张爷爷年纪大了，青丝已然变白发，他与村口的古松已深深地烙印进人们的心底。我远远地望着他，只觉他如一座丰碑。只记得有段时间，他总穿着绿色的军装，胸前佩戴着金红的奖章来松林，阳光透过树林，斑驳地洒在地上，细碎而美好。可是每次回来，他的眼睛红肿得厉害。

“这是之前需要用的弹药，还有党章，军队的番号和旗帜，还有……”那天老人将所有的秘密和盘托出，又是一年山花烂漫时，他拄着拐杖，穿着军装，缓缓地走回了村子。我赶忙上去扶住了他，金色的阳光照在金色的徽章上，闪耀着英雄的沉重的金色光芒。

再后来，他不去松林里了，只能站在记忆中。他走的那天，天空灰蒙蒙的，村里人都来到他小屋里。他久久望着大家，似乎想说什么。村主任说："您放心，我们在，松林在，碑林在！"

艰难方显勇毅，磨砺方成本色。老人与古松用坚挺的脊背守护了村子。时光灰尘不曾落在他的心上，赤红色的初心映照着英雄的本色。

春风又绿江南岸，柳枝抽绿，桃花弄红，古风光秃的枝干记载着冬的寒酷。春秋轮回，他挺拔的身影却与古松一起，新成一幅不变的图画，渐渐印在了村子里人们的心上。

守拙立身，是一本大书

傅莉雅

九江深山里，清风阵阵，袭来暖香。你一袭白衣，执酒杯缓然而饮，温一壶月光，辉入内心恬淡。

湖若明镜，杨柳依依。走入位于黟县陶村的"世外桃源"——守拙园，窄小静谧的石径发出叮当叩响，我前来读你的书。五株杨柳柳絮飞扬在婆娑点点的阳光下，绿水似璧。"开荒南野际，守拙归园田"抚摸着斑驳的围墙，我吟诵你的诗句，心中与你一样的洒然自在。

一袭白衣闯入我的眼帘。戴着草帽的你衣袂飘飘，俯身采摘香菊，唯有那一双眸子清亮。扶住帽檐，你抬眼望那被雾气缭绕的南山，唇角飞扬的笑意肆意自在。我了然。你为自己取名陶潜，想必也欲潜进山林，潜进人生的最深处吧！

二十岁始游宦，出仕为官大展宏图。你怀揣书卷，满腔赤诚，却在黑暗的官府前止步。你说，人生是一本大书，守住自己为真。于是，你毅然扭头，携一壶薄酒归隐田间。

守拙园中，香菊幽幽和你相许，豆苗稀稀与你为伴。清晨，薄雾轻纱，鸟语花香。漫步菊丛，劳作田园，你的生活质朴而闲适。坐在田垄之上，笑看日升日落，不同于宫中歌舞升平，于你却有别样的韵味。“春水满四泽，夏云多奇峰，秋月扬明辉，冬岭秀孤松。”执一杯清酒，胡须轻捻，你闭上双眸，仿佛已经与月色相融；唇角一抹笑，想起秋忙时期的欢愉，你的心中必定一片洒脱。

乱世之年，在你偃卧床榻，为饥饿折磨之时，江州刺史檀道济探望你，望你在此文明之世为官周济苍生，馈你粱肉。望东晋民生疾苦，你嗤笑他口中“文明之世”，将他赠送的东西“挥而去之”。

山水作诗行，云气望诗情，在你人生的书卷之中翻滚涌动。一丛菊，一杯酒，你化作一只蝶，流连守拙园菊丛之间。你的气质温润如玉，秉性却刚硬如铁。“吾不为五斗米折腰。”你如此道，话语铿锵有力，掷地有声。你将人生书写成一本大书，淡雅恬静作页，置于寸心之中。我听见你内心的声音——“为信念而亡，吾亦甘之如饴”。纵然沧海巫山，你的品性仍然如故，风格依旧独我。于是，你的故事代代相传，辈辈称道。

当一缕月光穿越千年照在如今华夏大地上，宁静的幽光依旧清亮，淡淡的微风在菊丛中徜徉。朦胧中，我仿佛看见一抹红梅在风月滋润下缓缓绽开。张桂梅佩戴着党员徽章，拄着拐杖缓缓道：“只要我还有一口气，就要站在讲台上，九死亦无悔。”梅菊相耀，清芬阵阵。菊花丛里的不只是潇洒飘逸，更是铮铮铁骨的非凡气节，跨越光阴辉映灼灼艳梅。

菊花幽幽，鸟鸣阵阵。我立在菊丛中，微微仰头嗅着那月光的清香。如雾月色里，一本大书在我眼前缓缓打开。

归根

范思思

雨仍下着，透过候机室的玻璃幕墙望去，惨白的闪电划破如夜的混沌，化作一柄利刃，刺向人们焦灼等待的心。

周懿抱着一个檀木盒子坐在角落里，盒中被层层丝绢包裹的是已在异国漂泊几十载的我——一片铜制的叶形书签，经过了岁月潮浪的淘洗，已落下了许多斑驳的印记。

六十五年前的那个春天。本是烟花三月，江南杪春，鲜花怒放的季节，可是远方“轰轰”炮弹声告诉人们这里并不平静。周懿随父母离家那天，祖母追到村口，递给她一个扁扁的长方木盒，盒中装着我，我的身体上只刻了一行小字：“幸福路归家巷1314号”。祖母抚着她乌黑的辫子，一遍又一遍教她唱“归来吧，归来哟，远离家乡的人儿……”

匆匆的行人路过，带起一阵风。周懿的白发被吹起，六十五年终于在每次打开又合上这个盒子的空隙间流散。如今青丝变成白发，她终于能再次踏上这片魂牵梦萦的故土。

“妈，现在在下雷阵雨，咱们估计要再等几个小时，您先休息会吧。”周懿的女儿走过来，打断了我俩的回忆。

不一会，周懿靠着椅子睡着了，我也进入了梦乡。初到大洋彼岸时，周懿总粘着父母要回家。父母紧锁的眉眼打消了她的念想。很多个夜晚，她从角落的柜子里取出同样思乡的我，垫着皎洁的月华坐在门前的台阶上一遍又一遍地唱着祖母离别时教她唱的歌谣“归来吧，归来哟，别再四处漂泊……”

在掺着月光的泪花里，周懿渐渐长大。后来啊，她只是偶尔把我拿出来看一眼，便又让我回到昏暗的柜子里。我也曾想过：周懿难道忘记要回家了吗？我是不是也不能回家了？随着岁月变迁，斗转星移，我心中对回家的渴望也渐渐暗淡。

直到上个月，我被一阵争吵声吵醒，是周懿和她的女儿——“妈，您为什么一定要回去呢？都已经过了这么久，谁还认得你？”“那是我的家！”“您年纪都这么大了，长途旅行实在是太不安全了，我们在这也有一个家不是吗？”“那是我的故乡，吾心安处是归家巷，那里是我的根！树离了根还能活吗？”……

再醒来时，我看见的是车窗外飞速掠过的杨柳和一大片与梦里的景象极度相似的江南美景——我们回家了！如果我不是一片书签，那么现在我一定

早已喜极而泣。

顷刻后，车子稳稳当当地停在一座旧房子前。屋里走出来一位老妇人。我躺在周懿的手提包里，听不见他们说话的声音，只是在很久以后，周懿打开车门，抹着眼角的泪对我说：“咱们到家了。”

我被放在祠堂里，祠堂前的老树和离开那年一样青绿，蝉鸣一长一短地拖着曲调，阳光透过屋顶的罅隙洒在石板上，映出岁月的安详。周懿坐在树下摇着葵扇浅憩，我和周懿，两片漂泊的叶终于归根了。

附录3：论文

借力“四读”培养思维品质

——走进《钢铁是怎样炼成的》

北京师范大学教授林崇德提出：“思维品质的训练是发展学生智力与能力的突破口，也是各项核心素养落地的关键。”提升学生的思维品质，是教育的核心要义，也是时代需要。语文学科应以培养学生的思维品质为旨归。

我以为整本书阅读不仅可以帮助学生建立深厚的知识储备，提高思维水平和文化素养，还对思维品质的培养起重要作用。文学的往往具有人物繁多、情节复杂、主题深厚、价值多元的特点，这些特质是思维品质培养的重要源泉。但是，目前整本书阅读面临容量大难掌握，情节复杂难厘清，阅读时间跨度长易遗忘等难题。培养思维的敏捷性、灵活性、深刻性、独创性、批判性是将阅读整本书所需的核心素养落到实处的最佳途径。

整本书阅读教学“本质上是一种教学组织模式，教师是学习的主导者和服务者，为课堂学习提供支持和引导，学生走进学习现场，借助并置身于现场完成自我主动学习和相互协作深度学习”。为了将整本书阅读落到实处，一个行之有效的方式就是教师带领学生进行“四读”，即“拉网式通读——分拣式品读——聚焦式思读——延伸式用读”。

一、拉网式通读：归纳概括整本书内容，培养思维的敏捷性

拉网式通读是通过浏览目录、全文、辅助材料等获得全面印象的阅读方

法。它类似于在一片水域中放置渔网，将所有鱼都捕捞起来一样。正如温儒敏所说："通读一本书，从头到尾读完，不跳过任何一个章节或篇幅，体验一次整体性的思维过程。"全面性、即时性与精准性是通读的特征。通读之前通常需要指导学生收集整理与整本书相关的学习资料，实现学生读完后即时获得丰富的、高质量的信息。通读过程要求学生边阅读边精准地、简洁地完成对信息的收集、提取、加工、归纳、概括等。高效完成任务的过程需要快速敏捷地对获得信息进行筛选、重组、输出。这种方法能有效地训练思维的敏捷性。以《钢铁是怎样炼成的》为例，设计以下任务。

任务一　自主收集与《钢铁是怎样炼成的》相关的学习资料。要求：①形式多样；②数量丰富，不少于2万字。

任务二　每读完《钢铁是怎样炼成的》一章内容，请你立即给本章拟小标题。要求：①概括章节内容；②语言精练；③有利于快速掌握情节。

任务一中学生既收集了韩刚导演的《钢铁是怎样炼成的》的影音材料，也整理了1942年马克·顿斯阔依执导《钢铁是怎样炼成的》的影视资料；不仅关注1915到1930年前后苏俄和世界其他国家的历史和人民生活现状，还梳理了作者的人生经历。同时收集二十多篇名家评论性文章，如刘心武《重读〈钢铁是怎样炼成的〉》和梅益《〈钢铁是怎样炼成的〉是不是一部好书》等。这些为学生提供丰富的阅读背景知识，有利于学生快速精准地概括章回主要内容。

任务二中学生快速读完每一章后，根据情节内容以"人物+故事"的形式，或采用章回回目形式，或采用短语形式，或采用三字经形式拟写小标题。

某学生用对称整饬的章回形式给第一部九章分别拟了如下小标题。

《恶神父开除顽学童　小伙计初尝人间苦》《德国兵逼走游击队　保夫卡偷来真手枪》《勇少年初识冬妮亚　老司机怒杀德国兵》《蛮兵匪虐杀犹太人　谢廖沙掩护身受伤》《小保尔勇救朱赫来　维克多告密陷牢笼》《哥哥闻讯无计可施　弟弟幸运机智脱险》《红军们奋勇夺小镇　谢廖沙伤心别丽达》《倔保尔加入骑兵队　勇柯察落马受重伤》《恋人起冲突终分手　朋

友中流弹壮牺牲》

某学生根据情节内容，用主谓短语、动宾短语、并列短语等形式给整部小说拟如下小标题。

《保尔失学》《枪支风波》《结识妮娅》《残酷战争》《保尔被捕》《机智脱险》《投身革命》《浴血奋战》《伤愈情断》《保尔丽达》《抢修铁路》《墓前思索》《光荣入党》《纷争新生》《又见丽达》《结识达雅》《发奋著书》《新书出版》

还有学生根据情节内容，用音韵节奏美的三字经形式给整部小说拟如下小标题。

《参红军，腿伤寒》《参骑兵，救七千》《送公文，遇焦姆》《报师仇，炸头部》《右失明，退骑兵》《情感破，肃反伤》《出省委，震奸商》《修铁路，遇妮娅》《得靴枪，有两病》《传死讯，回家乡》《探哥墓，寻老友》《复团籍，参市会》《护安娜，毙犯人》《捞木材，回家乡》《戍边物，处界匪》《参军演，劝巴瓦》《揍坏法，遭车祸》《识达雅，想自杀》《结连理，眼手术》《腿瘫痪，写大作》

章回式标题，短语型标题，三字经标题都是学生在拉网式阅读后立即拟写的小标题，这些新意十足且概括精准的小标题既能检验出学生是否快速掌握保尔人生经历，也训练了概括总结的速度与准确度。

由此可见，拉网式通读既可帮助学生快速地、大量地获取文章的基本信息，提高他们的阅读效率，并在此过程中增强学生的思维敏捷性。让学生在后续学习活动中遇到相同的学习任务也能快速准确地进行概括。

二、分拣式品读：分析比较情节与情节链之间的关系，培养思维的灵活性

分拣式品读，也被称为“目的性阅读”或“选择性阅读”，是指读者根据目标选择与需求相关的部分进行重点阅读，跳过或略读其他内容的阅读方式。“分”是指区分、筛选所要阅读的内容；“拣”是指选取、摘取符合学习任务的文段或章回；“品”是品析、品味分拣的内容。在分拣式品读中，

学生首先要根据不同的主题或关键词对整本书进行分类和梳理，然后对所选的部分进行深入、细致地阅读和分析，发现细节和差异，最后从不同角度探究分拣部分对整本书情节、人物、主题的独特价值。

《钢铁是怎样炼成的》主要写了保尔两个重要历史时期的故事，三段刻骨铭心的爱情，四次死里逃生的艰险，五类重要人物的作用，六种人生的经历。而主人公七次打架和与手枪相关的内容，五次与手风琴相关等片段等常常会被忽略。这需要教师提醒学生关注和分拣整本书中重复出现的内容，引导学生结合相关的情节探究物象的作用，厘清相关情节链之间的逻辑关系，分析人物性格的立体性。

学习任务可以这样设计。

任务：请你找出反复出现的事件和物象并按顺序归纳相关的情节，向同学分享你的探究结果。要求物象准确；情节要素完整；观点明确。

在该任务中有学生这样写道：手枪是保尔觉醒的象征物，是战斗的武器，是与朱赫来友情的象征，还是工作的道具；手风琴既是保尔才华的载体，也是与母亲难舍难分的物件，更是工作致胜的魔杖。

有学生这样写道：保尔对朱赫来说“我从不平白无故打架，总是在有理的时候才打”，文中七次打架情节与这句话构成情节链。保尔与车站男孩打架是为了得到公平对待，与苏哈里科大打出手是维护尊严，与彼得留拉押送兵大干一场是为了救朱赫来，与投机商人拳脚相向是惩恶，与同志掐架是为了拯救堕落的法伊洛，打一名惯犯是为了伸张正义。一连串的情节向我们展示一个自尊自爱，忠于友情，捍卫正义，关心战友的保尔。

还有学生这样写道：保尔书信里有纯洁的爱情、愧疚的亲情，他面临革命与个人、公与私、生与死、坚守与放弃选择时很纠结。但他的伟大之处就在于最终战胜了小我，用行动践行了什么是信仰，什么是英雄主义、理想主义、现实身主义。

学生在分拣与手枪、打架、手风琴、书信相关的内容时，既要关注前后情节之间的关系，也要品析不同情境下物象的作用，还要品析物象中蕴含保尔成长的价值。立体的、全面的、真实的保尔就是从不同角度分拣品读中得出的。

分拣式品读注重对情节背后的意义的挖掘，有助于学生深入理解文本。分类梳理的过程是教师指引学生灵活处理疑点、兴趣点，关键点、细节点、忽略点的过程；探究的过程就是思维交织、凝聚、升华、迁移、发散的过程。这些都成为灵活性思维应有之意。

三、聚焦式思读：探索挖掘整本书的多重价值，培养思维的深刻性

“整本书阅读不仅可以帮助学生提高阅读能力，还可以增强他们的人文素养、价值观和社会责任感。”聚焦式思读是一种聚焦书中的核心人物、主题思想、文化价值，通过反复阅读和深入思考整本书内涵和价值的阅读方式。聚焦式思读强调的是阅读的深度而非速度。整本书文字、文学、文化内涵非常丰富。聚焦在何处呢？我以为宏观聚焦整本书的价值和意义及作者的立场和意图，中观聚焦文学风格和艺术手法，微观聚焦重点或关键词汇所代表的意义和情感。思读应该打破传统的“圣经化”和“烦琐化”，应该注重阅读带来的思想启迪。新课标也强调“整本书阅读注重多元的价值取向”，语文教育学家李树敏认为整本书教学应该注重“思辨性、交际性、实践性”，并提出“让学生从名著中感受生命的价值和尊严，感受人类文明的进步和辉煌”。从不同维度探索《钢铁是怎样炼成的》的价值是聚焦式阅读的旨归。可设计如下学习任务。

专题一：这是一部内涵极其丰富的作品，引发对生命、情感、信仰等的思考。请以“《钢铁是怎样炼成的》带给我的启发”为题写一篇不少于600字读后感。

专题二：《钢铁是怎样炼成的》是一部价值丰富的书，请试着从思想价值，写作价值，文学价值，文化价值，现实价值等方面写一篇小论文。题目自拟，不少于800字。要求：①观点明确②材料生动③分析具体。

专题三：各抒己见

（1）如果保尔有微信号，你觉得他的昵称会是什么？

（2）如果保尔要成为我们的科任教师，他最有可能成为哪一学科的教师？

（3）大家都认为保尔是一位英雄，你对有没有产生过质疑？

专题一引导学生聚焦保尔懵懂时期，革命至上时期，伤残时期的情节内容等，引发学生对生命的思考。聚焦第一部第三章和第九章，第二部第一章和第七章这些内容，走入保尔的爱情世界，激起学生对情感的思量。学生这样写道：保尔用平视的眼光看待与冬妮娅的感情，他是爱情的追求者；保尔用仰视的眼光看待与丽达的感情，他是爱情的胆怯者；保尔用俯视的眼光看待与达雅的爱情，他是爱情的救赎者；我认为保尔未曾拥有爱情。当你看到学生这样的认识时，会为学生深刻性、批判性思维惊叹。专题二中学生写道："保尔不仅仅是一个人物形象，也是那个时代精神象征，更是'钢铁侠'文化符号。"专题三中有学生问道："保尔这个英雄，真的存在吗？是文学的真实？还是生活的真实？"学生的这些思考都聚焦理解整本书的意义和内涵。

由此可见，聚焦式思读需探索挖掘整本书核心人物和主题思想、文化价值、内涵和价值。学生不断聚焦、追问、反思、再追问、再反思的过程就是深刻性思维品质的形成过程，学生不断挖掘整本书多重价值的过程就是深刻性思维品质的培养过程。

四、延伸式用读：创造性解决生活中的问题，培养思维的独创性

延伸式阅读是一种不限于原文本身，而是通过自己的联想和想象等方式将阅读延伸并实践到其他知识或领域的阅读方式。延伸式阅读最本质特点就是积极思考、提出问题、探究答案，并将阅读与自身经验和知识相结合，产生新的思考和创新。通过实践和应用，将阅读体验转化为具体行动，培养实践能力和实际操作能力。如，书中的思想与当下社会联系是什么，它们能否帮助我们解决现实问题等。

语文教育家钱钰雯主张认为整本书教学应该"注重启示性、注意实践性、强调学生的主体性"。启示性从小处说，是对一篇文、一本书的指导；

从大处说，对一类作品阅读甚至不同体裁、题材的作品阅读方法的指引。实践性从浅处说是促进学生提炼出自己的见解，又让学生学会思考，形成自己的思考方法。从深处说让学生学到经典思维模型，建立自己的思维模型，构建自己的思维体系，并能运用自己的思维体系解决实际问题。

以《钢铁是怎样炼成的》为例，设计以下学习任务及评价。

任务一 向同学、教师、家长展示自己的学习成果。要求：①形式多样；②内容丰富；③展示时语言得体、大方。

任务二 写一份学法报告。要求：①学法具体；②有指导意义；③报告中要体现“四读”过程及效果。

任务一主要指向解决生活中的交流分享的实践能力，学生需要独自完成人际交流、项目策划、主题演讲等任务。任务二是对“四读”过程进行复盘，提炼出具有实践价值的学法指导。学生这样写道：“四读”其实就是从文字、文学、文化的维度读懂整本书，拉网、分拣、聚焦、延伸其实是具体的阅读方法。拉网注重信息的完整性、分拣看重信息的类属性，聚焦指向信息的本质性，延伸侧重实用性。”

延伸式阅读的终点是学以致用。学生在尝试、取舍、优化、创新中解决生活中的问题。整本书读完之后，不是阅读的终点，而是成为学生精神的提升点，成为探索其他书籍的起点，成为解决难题的突破点。学生在实践中体察这个世界，丰盈心灵与情感，发现生命的意义，找到灵魂的归宿。

综上所述，教师带领学生对整本书进行四个层次的阅读，就是让学生根植在整本书的土壤里，有目的、有层次地训练学生的思维敏捷性、灵活性、深刻性、独创性。在这个过程中，学生既实现了“浅阅读”到“深阅读”的过渡，帮助学生更快地“读进去”和“走出来”。还实现整本书知识的掌握，阅读能力提升，素养的落地这些目标。如此，“四读”才能更好地推动整本书阅读教学的进步，而这也是我们继续在整本书阅读教学上深耕的动力。

参考文献

[1] 李建新. 基于学科素养培育的“主体发展性教学评一体”课堂建构简论[J]新课程研究，2016（8）：8–11.

[2] 余党绪. 整本书阅读的实践与思考[J]. 教育研究月刊，2019（3）：9–17.

[3] 李树敏. 语文教育的理论与实践[M]. 北京师范大学出版社，2005.

[4] 钱钰雯. 语文教育的几个重要问题[M]. 北京师范大学出版社，1998.

本文已发表在《中学语文教学参考》2023年11月总第922期上

关键句视角下小说阅读对思维能力的培养

王荣生先生曾说：“读小说在某种程度上可以理解成它延长了我们人类有限的生命，它丰富了我们人生单一的生命。”不仅如此，阅读小说还能够培养分析、评价、思辨、创造等思维能力。他在《小说教学教什么》中提出，现代小说“还可以分成三类：情节类的小说、心理类的小说、荒诞类的小说”。情节类小说是通过一组展示人物性格、揭示人物关系和环境特点的、讲究因果关系的具体事件来反映社会的。我们应该重视文体特质，不同的类型小说教学方法也应不同。传统的小说教学按照人物、情节、环境、主题四大要素进行教学，那么，情节类小说应采用怎样的阅读方法呢？下面我将从“把握情节类小说的关键句”“利用情节类小说中的关键句进行思维训练”两个方面进行分析。

一、把握关键句，读懂情节类小说

情节类小说的阅读重点是把握人物活动的愿望、障碍、行动。这些元素构成了矛盾冲突，矛盾冲突是故事情节的驱动力和核心，核心冲突更是人物性格、命运和价值观的真实反映。在鉴赏情节时，需要深入核心冲突的性质、起因、发展和解决方式等方面，这样才能更好地把握人物形象，理解故事的主题。要把握核心矛盾冲突，读懂情节，就要读懂关键句。

情节类小说中的关键句是指具有特别重要意义的语句，它可以是一个独立的句子，也可以是一个段落中的一句话。关键句不仅具有一定的象征意义，还代表某个主题或者代表某类人物的性格、情感等。关键句既能突出小说中的重点，推动故事的行进过程，又具有深刻的思想内涵，同时还让读者在阅读过程中，想到其他相关的场景、人物或事物。

关键句在语言形式上又有何特点呢？我以为这些可以称为关键句：让情节具有合理性的铺垫句；让人物性格更加立体的反常句或矛盾句；让小说结构更加严谨，还增加了文化意蕴的反复句；为开拓主题，蓄势铺垫，承载情感的闲笔句；为增加结构整饬美情节相似句（段），宕开一笔，增强情节曲折性的转折句；留有余味的留白句等。由此可见，关键句即为文章的铺垫句，反复句，反常句，转折句，闲笔句，补白句等。

作者通过关键句的穿梭迂回，往往把一个非常简单的故事变得与众不同，甚至刻骨铭心。这需要我们从文中寻找并分析这些关键句。

《我的叔叔于勒》是部编版九年级上册第三单元课文，冯善亮认为“九年级侧重分析文学作品的多种角度”。根据这一观点，我们这样设计：默读《我的叔叔于勒》，通过寻找关键句读懂情节。

请按照下列问题找出语句并思考这些语句的作用：

1. 有人说，文章1～9段可以用简洁的语言概述，原文太啰嗦了。真是啰嗦吗？

2. 文中出现了两次或两次以上的句子有哪些，请从情节、人物、主题等角度分析这些语句作用？

3. 有人认为“这封信成了我们家里的福音书，有机会就要拿出来念，见人就拿出来给他看”与文章核心情节关系不大，可以删掉，你的看法呢？

4. 菲利普夫妇言行举止前后相互矛盾，你觉得真实吗？

这四个问题指向了铺垫句、反复句、矛盾句、反常句、转折句、闲笔句、相似句等关键句，如第1～9段对我家家境拮据及于勒过去的叙写，旨在为后文菲利普夫妇的金钱观蓄势，增强情节的真实性和内容的合理性。“唉！要是于勒就在船上，那会多么叫人惊喜！”一句在文中反复出现，因为贫穷，他们对金钱的渴望也在情理之中，唯钱是图就有了合理性。一面是深情地希望于勒回来与一面是见到多年未见的兄弟竟然选择躲避，违背人伦。为什么莫泊桑笔下的“菲利普”，深情与厌恶，会如此矛盾地体现在一个人物身上？到底哪一个才是真正的菲利普呢？仅仅是菲利普势利吗？文章仅仅是批判菲利普夫妇吗？不，那封成为福音书的信看似闲笔实则是金钱至上社会的真实写照，也在痛斥那个社会。

二、利用关键句，开展思维训练

寻找关键点，分析关键句不仅有助于读懂小说，还能培养思维能力的发展。《义务教育语文课程标准（2022年版）》中明确提出“学生在语文学习过程中的联想想象、分析比较、归纳判断等认知表现，主要包括直觉思维、形象思维、逻辑思维、辩证思维和创造思维。思维具有一定的敏捷性、灵活性、深刻性、独创性、批判性”。新课标对学生的思维方式和思维品质提出了要求。学生不仅需要从小说阅读教学中得到思维训练，还需要从人性、地域、历史、文学、文化、现实、哲学、宗教培养思维能力，提高思维品质，促进思维升级。

（一）丰盈文本——在血有肉的具象化中训练形象思维

余华认为，留白和补白是小说中必不可少的元素。留白可以引发读者的想象力和思考，而补白则可以让作品更加完整，让读者更好地理解作品。补白部分的质量决定了对文本的解读、运用的高低。丰盈文本最好的方法之一就是补白。《我的叔叔于勒》设计以下补白训练。

（1）“唉！要是于勒就在船上，那会多么叫人惊喜！”你认为于勒会带来哪些惊喜？

（2）“不久他就来信说他赚了点儿钱，希望能够赔偿对我父亲造成的损失。”于勒所说的损失与父母眼中的损失一样吗？

（3）“我总以为那是因为有一天晚上，我们拿出于勒叔叔的信来给他看。”给“他”看信时，我们一家会说些什么？

补白设计正如鲁迅先生所说：“创作中不要一切都解决了，那样太死板了。留下一些地方，让读者自己去想象，这是最好的办法。”我们可以通过品味词语，关注细节，还原情景，厚重体验，多元解读，对照比较等方式进行补白。学生的想象思维在这多次训练中得到提升，语文素养也得到提升。

（二）还原文本——在还原情节发生发展的来龙去脉中训练逻辑思维能力

“教材的课文精读，是从中获得阅读的本领和方法”。教师如何引导学生分析这些关键点呢？“正确的方法除了了解文字意义之外，还要把文字所含的思路条理和语言条理引入脑中，成为熟套的一部分”。熟套的过程就是思维训练的过程。熟套中让小说阅读教学效果清晰化、结构化、系列化。这“三化”过程离不开“对事件的理解和表达需要一定的概括抽象以及逻辑推理能力，要把握一系列事情之间的关联”。

厘清这些关联则需要从故事与话语层面进行分析。刘俐俐结合西方叙事学家的相关理论，将故事层与话语层定义为，“话语是指如何叙事的，包括叙事视角、人称、时间、速度、节奏、句式等，还包括情节所体现的结构”“故事是借助叙述呈现出来的由人物及相互关系的完成过程”。文章出现了两个叙事层面，即作者叙事层面和作品中人物的叙事层面。如《我的叔叔于勒》中“我”为话语层，而故事层又分为菲利普夫妇与于勒的故事。我们可以这样设计。

请从“我”（话语层顺序）和“菲利普夫妇与于勒”（故事层顺序）梳理情节，完成附表1。

附表1　梳理情节

顺序	叙事方式	
	话语层顺序	故事层顺序
1	我们一家去栈桥等于勒	于勒败光家产被打发去美洲
2	于勒败光家产打发去美洲	于勒写第一封信

续 表

顺序	叙事方式	
	话语层顺序	故事层顺序
3	于勒写第一封信	菲利普夫妇赞美
4	菲利普夫妇赞美	于勒写第二封信
5	于勒写第二封信	于勒卖牡蛎
6	二姐订婚，一家旅行	我们一家去栈桥等于勒
7	于勒卖牡蛎	二姐订婚，一家旅行
8	我们一家躲于勒	我们一家躲于勒

话语层的梳理激发阅读兴趣，有利于了解情节类小说的话语体系；故事层梳理培养逻辑思维，还原事件本身的顺序，使得事情的因果关系更明了，文章的逻辑更清晰。故事层面的梳理让语篇具有衔接性、连贯性、意图性、前景性和互文性，而梳理的过程就是逻辑思维训练的过程。

（三）关联升华文本——与其他知识关联升华中训练辩证思维能力

小说是虚构的，但我们在阅读时却觉得文有其人，事确有其事，作者通过关联文本增强真实性。乔治·斯坦纳认为，文本中的意义来自与其他文本的关联，这种关联可能是明确的也可能是隐晦的。将文本放置于文学传统和文化历史的背景中，烙上时代特征，可以最大限度增强真实性。因此，我们可以关联时代背景，叙述视角、作品时代的语言风格等。于勒的故事发生在19世纪的法国，资本主义工业经济与技术革命让社会富庶的同时，也在改变人们的精神世界。“为了100%的利润，它就敢践踏一切人间法律；有300%的利润，它就敢犯任何罪行，甚至冒绞首的危险。”（马克思《资本论》）菲利普夫妇不过是那个时代的一面镜子。课文是节选部分，原来的小说开头是这样的。

一个白胡子穷老头儿向我们乞讨小钱，我的同伴若瑟夫·达佛朗司竟给了他五法郎的一个银币。我觉得很奇怪，他于是对我说：

这个穷汉使我回想起一桩故事，这故事，我一直记着不忘的，我这就讲给您听。事情是这样的……

删去的小说结尾如下。

此后我再也没有见过我父亲的弟弟。

关联开头结尾，我们可以看出小说呈现“套中套”的故事特点。我们还可以补充莫泊桑的人生经历及莫泊桑《项链》《漂亮朋友》《羊脂球》等作品，以及莫泊桑对文学史的贡献等。设计以下学习活动提高学生查找资料的能力，提取主要信息的能力以及对信息的甄别能力。

（1）请你用时间轴的形式整理莫泊桑的人生经历，并结合世界历史说说社会环境对他写作上的影响

（2）请你课外阅读莫泊桑同时代的作品《项链》《漂亮朋友》《羊脂球》三部作品，请你说说19世纪法国社会风貌特征。

（3）请你收集国内外文学家对莫泊桑的评论，并结合莫泊桑的作品说说哪些评价比较客观。

通过文本关联，我们就能辩证地看待菲利普夫妇面对于勒的多面性。菲利普是时代的缩影，身上既有人性的丑陋也有底层百姓的艰辛，还有金钱至上带来的伦理的扭曲。

关联文本与升华文本同步进行能高效训练辩证思维能力。

罗兰·巴特认为，文本升华是一种超越文本本身的意义构建方式，它并非只存在于文本之中，而是通过阅读过程中读者的主动参与，从而创造出新的文本意义和价值。文本升华既可提高审美体验又能使学生深入思考生命、人生、价值等问题，引发内心共鸣，促进个人成长和发展。引导学生深入了解作品所反映的文化背景和价值观。《我的叔叔于勒》可以这样设计。

当我们听到“不要做于勒，否则你会遇到很多个菲利普夫妇。”你觉得这个句子中的“于勒”“菲利普夫妇”和小说中的人物是一个含义吗?

这一设计将文学形象上升到文学符号这一层面。这是文学形象升华为文学价值。“于勒”“菲利普夫妇”分别成为“不受亲人待见的败家子，最后只能潦倒的落魄鬼”“眼里只有钱，虚伪、自私、贪婪、冷酷，有着一副可怜又可鄙的拜金奴”的代名词。

由此可见，文本关联升华能够实现教学中从感性认知到理性认知的提

升，可以更为深刻理解和思考作品中的细节和事物，提高人们的思维深度和广度。升华能够启发读者的思维，激发创造力，提高创造力，促进个人的思维发展，从而对文本产生出新的理解和思考。

（四）重组活化文本——在构建学科知识体系活动中训练创造性思维

学一篇知一类，逐渐完善自己的知识结构，通过语篇重组，可以探索同类文体的阅读规律，探究背后的学理。设计以下活动来重组文本。

初中阶段我们学习了很多篇小说，你认为哪些篇目与《我的叔叔于勒》属于同一类型的小说？并说明理由。如果将以下小说进行分类，你会如何分类？说说你的分类标准。

篇目：《社戏》《故乡》《我的叔叔于勒》《孤独之旅》《智取生辰纲》《三顾茅庐》《刘姥姥进大观园》《范进中举》《孔乙己》《变色龙》《溜索》《蒲柳人家》

学生分类越全面，分类角度越多，创造性思维的能力就越强，反之则越弱。

培养学生创造性思维能力一是重组文本，二是活化文本。活化文本指的是在有趣的活用文本活动中将文本材料、内容、观点、情感等通过整合、优化，改变它原有的呈现方式，使之以最符合学生年龄特征和母语规律的形式再现出来。钱钟书在《管锥编》一书中强调了活化文本的作用。他认为，活化文本可以激发学生对文本的兴趣，使其更好地理解文本的内涵，同时也可以培养学生的文学素养和批判能力。为《我的叔叔于勒》设计以下活化活动。

（1）请你将“遇于勒”改为话剧并在班级演出。

（2）拍摄组在拍摄《我的叔叔于勒》时需要拍摄于勒的一个镜头，你认为采用哪种拍摄方式比较合适？说说采用这种拍摄方式的理由。

（3）船长看出了父亲的奇怪之处告诉了于勒，于勒前来认兄长，请你续写这之后的故事。

（4）举行一场辩论会。正方：菲利普夫妇应该躲于勒；反方：菲利普夫妇不应该躲于勒。请你选择一方参加辩论，并写辩论稿。

通过多种形式活化文本，可以激发学生的兴趣和创造力。重组活化的途径越多，思维训练的方式也就越多，思维训练的力度则大和效度则会更好。

重组活化文本其目的是活化学生的思维。调动学生学习语言的兴趣，更好地提升学生的语言素养，提高学生高阶思维——创造性思维。

情节类小说教学需要围绕核心冲突，引导学生对关键句进行分析、品鉴。还要通过对文本的还原、关联、活化、丰盈、重组升华等方式促进思维发展和思维进阶。这些滴灌到学生的心灵，融入学生的血肉，最终化为学生的思维方式、价值选择、人生观念，养护其生命自觉。

参考文献

［1］王荣生. 小说教学教什么［M］上海：华东师范大学出版社，2015.
［2］顾振彪. 张中行关于编写中学语文教材的论述［J］. 课程·教材·教法，2019（8）：68.

本文已发表在《中学语文教学参考》2023年8月总第910期上

附录4：教学设计案例

中考作文三维快速立意教学设计

考场作文决胜的关键在于能够快速立意。本设计从依托教材，活用教材出发，旨在培养学生判断、归纳、概括、求同等思维能力，提高分析、比较、评价、整合、思辨等思维能力。通过聚焦教材典型文本，探索如何从与“我”，与他人（物），与社会三个维度立意，引导学生写考场作文时，主要从自我成长，体验生活，亲近自然，励志向上，关注社会百态五个方面立意。

一、教学目标

（1）明晰立意的原则和要求。

（2）培养立意的思维能力。

（3）掌握选取最佳立意角度的方法。

二、教学重难点

（1）重点：培养立意思维能力。

（2）难点：围绕命题材料多角度立意

三、教学方法

讲授法、合作探究法。

四、教学对象

九年级学生。

五、教学过程

（一）明“意”之义

导入：王夫之曾说过：“意犹帅也，无帅之兵，谓之乌合。”道出了文章立意的重要性。立意就是确立中心思想，这是写好文章的关键。凡是有定评的好文章，凡是为人喜读不厌的文章，无一不是在立意上下功夫。这是因为文章的中心思想，就如中枢神经，统领全文、贯穿首尾、制约每段、支配每句，故意应在笔先。

（二）寻“意”之范

活动一：依托教材，寻蜜采珠

认真回忆两组七至九年级课文内容，完成思考题。

附表1　两组七至九年级课文内容

组别 序号	第一组	第二组
1	七年级上册《春》《济南的冬天》	七年级上册《秋天的怀念》《散步》
2	七年级下册《紫藤萝瀑布》《一棵小桃树》《爱莲说》《陋室铭》	七年级下册《老王》《驿路梨花》
3	八年级上册《三峡》《与朱元思书》	八年级上册《背影》《我的母亲》
4	八年级下册《春酒》《灯笼》	八年级下册《安塞腰鼓》《卖炭翁》
5	九年级上册《岳阳楼记》《醉翁亭记》	九年级上册《故乡》《我的叔叔于勒》
6	九年级下册《枣儿》《海燕》	九年级下册《孔乙己》《变色龙》

思考1：第一组和第二组文章选材有什么共同点。

明确：第一组选材都是以景或物为主，我们称之为以景物为题材的文章；第二组选材以人事为主，我们称之为以人事为题材的文章。

设计意图：依托教材，走进教材，用好教材，从教材中习得技巧和方法；让学生清楚材料的类别；培养学生归纳、概括、求同的能力。

思考2：以小组为单位，根据文章的意旨对各组中的篇目进行分类，并讨论各类文章是从哪个角度立意的？尝试用表格的形式记下探究结果。（表格内容包括，原文立意、立意角度等）

师生优化表格预设如下。

附表2　立意收获表

第一组		第二组	
原文立意	立意的角度	原文立意	立意的角度
《春》《济南的冬天》《三峡》通过对春天或冬天或三峡景色的细致的描写，抒发了对自然和祖国的作者热爱之情	自然给予人的情感体验	《秋天的怀念》《散步》《背影》《我的母亲》展现自己的生活成长路上父母给“我”关爱及我对亲人的感激怀念之情	个人成长经历重在“我”的情感体验
《紫藤萝瀑布》和《一棵小桃树》紫藤萝和小桃树曲折的生长经历，告诉读者在逆境中成长，经历风雨仍要顽强	景物给予人哲理认识	《安塞腰鼓》描写了安塞腰鼓的热烈、豪放、激越，展现中华儿女蓬勃的生命力	民俗特色蕴含民族精神
《爱莲说》和《陋室铭》借莲和陋室表达作者高洁的人格和不俗的人生追求；《岳阳楼记》《醉翁亭记》写出作者心忧天下，心系百姓的人生志向	景物给对作者信仰人的影响	《老王》《驿路梨花》在具体的人事展现老王朴实、善良和不知名梨花群体主人乐于奉献的人性光辉	描写他人展示人性光辉
《春酒》借春酒展示生活中诸多美好的人、事、情	展示生活中的美	《孔乙己》《卖炭翁》《故乡》写封建枷锁下的悲苦人生，以及对丑陋人性的讽刺，批判。具有多维的社会视角	历史文化视角凸显文化变迁
《枣儿》留守儿童和空巢老人这一社会现象进行思考；《灯笼》饱含对亲人的思念和感激。灯笼代表家族历史，也代表传统文化，更代表爱国深情	社会现象和文化物象引发的关注和思考	《变色龙》《我的叔叔于勒》对势利、金钱至上、虚伪、媚上欺下等丑陋人性的反思、批判	全球视野显现人类共性

设计意图： 通过对已学文本的梳理，帮助学生深入理解同一题材不同立意的原因。学生要对同一题材类型而立意不同的原因探究分析。旨在培养学生分析、综合、比较、概括、归纳、整合能力。

（三）究“意”之道

活动二：总结归纳，构建思维

思考1：请同学们分析上述两组材料文章在立意方面有哪些相同的地方？

（四）用“意”之技

活动三：例文指引，实战演练

请仔细阅读下面两组材料，完成练习。

材料一 2019年扬州中考作文题。活中处处有“顶”。你看，一粒种子，顶出土层；一只海燕，顶风冒雨；一座大山，顶天立地；一个团队，合力相顶……他们都顶出了独属自己的春天！“顶”意味着承受，担当，碰撞，支持……请以“顶出一个春天”为题，写一篇文章。

材料二 2019年扬州中考作文题（改编版）。生活中处处有“顶”，你看，一粒种子，顶出土层；一只海燕，顶风冒雨；一座大山，顶天立地；一代伟人小平，为中华民族顶出了繁荣富强之天……他们都顶出了独属自己的春天！也给他人顶出了一片蓝天。“顶”意味着承受，担当，碰撞，支持，成长……请以“顶出一个春天”为题，写一篇文章。

思考1：请你从三维角度为文章立意，然后用三句话把文章的主旨表达出来。

思考2：两则材料在立意上有何异同。

设计意图： 出示两则相似的材料，材料二在材料一的基础上删掉了一句，增加了两句。培养学生从材料中找到最佳立意的维度，旨在培养学生分析、判断、评价、思辨的能力。

思考1答案预设示例如下。

1. 只有自己鞭策自己才能为自己“顶”出一个百花盛开的春天。（从自我成长角度立意，适合材料一、二。）

2. 我知道，娇气的富二代走不远也飞不高，因为他的人生字典里没有“勤”，自然无法“顶”出一个春天。（从社会某种现象反向立意，适合材料一、二）

3. 白衣天使，你们为中华民族“顶”出阳光灿烂的春天。（为近期赴武汉的医务人员展现民族精神立意，适合材料二。）

4. 父母就是顶梁柱，为家人“顶”出一个温馨的春天。（从他人给“我”的体验立意，适合材料二。）

5. 不管哪个民族，总有民族脊梁撑起民族的天。（从社会角度立意，适合材料二。）

思考2答案预设示例：材料一主要重在个人体验，主要从自我维度立意；而材料二立意的维度更广，可以从自我、他人、社会等维度立意。

总结：立意的最佳角度应由材料决定，当有多个立意角度时则应根据自己的写作能力选择，扬长避短。

活动四：总结归纳，发展思维

考场上可以从与自我、他人、社会三个维度快速立意。主要从以下五个方面，即自我成长、体验生活、亲近自然、励志向上、关注社会百态立意。

活动五：牛刀小试，巩固提高

请仔细阅读下面两则材料，从三维角度为文章立意，然后用三句话把文章的主旨表达出来。

材料一　生活中有许许多多让我佩服的人和事。四叶草从墙角探出头来，清洁工早早地起床清洁大街，科学家们夜以继日地研究抗“新冠状病毒”疫苗，父母不辞辛劳地抚养我们……请你根据自己的生活体验以“这让我心生敬意”为题，写一篇文章。不限文体（诗歌除外）。不少于500字。

材料二　偶像是指让人佩服的人和事，为人所模仿的对象。有人以自然物为偶像，佩服日月星城，山河湖泊，花草鸟木……有人以人物为偶像，佩服歌星影星，学者专家，父母同学……你的偶像又是谁呢？请你根据自己的生活体验以“偶像，就在我身边”为题写一篇文章。不限文体（诗歌除外）。不少于500字。

设计意图： 训练学生仔细甄别字句含义的能力，掌握寻找立意的最佳角度，培养学生创作表达能力。

本文2020年12月已发表在《广东教学报》

后记

时光如白驹过隙，我不知不觉地走过了《慧美语文——学段衔接读写共生之美》专著的撰与实践之路。这是一段承载着希望和梦想的旅程，也是一次对语文教育理念和实践的深入探索。在这个过程中，我深刻领悟到了有核、有序、有新、有方、有趣、有用的教学原则以及整合之美、细节之美、思辨之美、衔接之美和成长之美的重要性，它们不仅为语文教育注入了生命力，更为学生的成长奠定了坚实的基石。

有核，即语文教育的核心在于培养学生的语文素养。语文作为人类文化的瑰宝，我们要引导学生掌握语言的表达和交流能力，提升阅读理解和文学鉴赏能力，激发学生对语文的热爱和创造力，让语文成为他们与世界对话的媒介。

有序，即教学过程要有系统性和连贯性。我们要遵循教学目标和学生发展规律，合理组织教学内容和学习任务，使学习过程有条不紊地展开。通过有序的教学，学生能够逐步建立知识体系，形成自己的学习方法和思维模式。

有新，即教学要与时俱进。随着社会的快速变革，语文教育也要与时代同步。我们要关注新时代的需求和变革，积极探索新的教学理念和方法，借助现代化教育技术和资源，让学生了解和运用当代语言文化，培养与时俱进的综合素养。

有方，即教学要有针对性和个性化。每个学生都是独一无二的，我们要关注他们的差异和需求，根据学生的兴趣和能力制订个性化的学习计划，激发他们的学习动力和潜能，让每个学生都能找到适合自己的学习路径，实现个性化的发展。

有趣，即教学要充满情趣和活力。语文教育应该是一次充满乐趣的冒险，我们要通过创设趣味性的学习环境和活动，激发学生的好奇心和求知欲，开发学生的创造力和想象力。通过游戏化教学、情境化教学和多媒体资源的运用，我们能够激发学生对语文的兴趣和热爱，让他们在轻松愉快的氛围中探索语文的奥秘。

有用，即教学要注重实用性和应用性。我们要培养学生运用语文解决实际问题的能力，让他们学到的知识和技能在现实生活中得到应用。通过实践活动、写作实训和口语表达训练，我们能够让学生更好地理解语文的实用价值，提高他们的语文运用能力。

整合之美，即教学要注重知识的整合和融通。语文学科是一个综合性学科，我们要将不同领域的知识有机地结合起来，让学生看到语文与其他学科的联系和共通之处。通过跨学科教学和项目学习，我们能够培养学生的综合思维和解决问题的能力，使他们能够更好地理解和应用语文知识。

细节之美，即教学要注重对细节的关注和呵护。在教学中，我们要关注学生的个体差异，重视每一个学生的发展需求，耐心倾听他们的声音，给予个性化的指导和反馈。同时，我们也要注重教学细节的把握，关注教材和教具的选择、教学环境的布置等方面，让学习过程更加细致入微、丰富多彩。

思辨之美，即教学要培养学生的思辨能力和批判思维。我们要鼓励学生提出问题、探索问题背后的本质，培养他们的分析、综合和创新能力。通过引导学生进行阅读思辨、写作思辨和演讲思辨，我们能够培养学生的批判性思维和逻辑思维，使他们成为具有独立思考能力的人。

衔接之美，即教学要兼顾小学与初中。在小学高年段培养学生的自主学习能力，使之可以进入初中阶段的学习中。

成长之美，即教学要关注学生的全面成长。除了知识和技能的培养，我们还要关注学生的情感、品德和社交发展。通过情感教育、品德教育和团队合作，我们能够培养学生的情商和社交能力，让他们在成长中变得更加自信、坚韧和努力。

在《慧美语文——学段衔接读写共生之美》的后记中，我们不仅要强调已经取得的成就和美好的教学理念，还要关注我们需要继续努力的方向，以不断提升语文教育的品质和效果。

首先，我们要不断深化教育改革，与时俱进。随着社会的发展和教育的变革，我们需要关注教育政策和教学要求的变化，及时调整教学内容和方法，以适应新的教育环境。我们要关注教育技术的应用，积极探索数字化教学、在线学习和个性化教育等新途径，让语文教育紧跟时代的步伐。

其次，我们要不断提升教师的专业素养和教学能力。教师是语文教育的中坚力量，他们的专业水平和教学能力直接影响学生的学习效果。我们要加强教师的培训和专业发展，提供丰富的教学资源和教学支持，让教师能够不断提升自己的教学能力和教育思维，成为学生学习的引路人和启迪者。

此外，我们要加强与家长和社会的合作与沟通。教育不仅是学校的责任，也是家庭和社会的共同责任。我们要与家长建立良好的合作关系，积极倾听家长的意见和反馈，共同关注学生的学习和成长；我们要与社会各界建立紧密的联系，充分利用社会资源，为学生提供更广阔的学习平台和实践机会，让他们能够在社会中实现个人价值并承担社会责任。

最后，我们要持续关注学生的发展和需求。学生是语文教育的中心，我们要深入了解他们的学习特点和需求，为他们提供个性化的学习支持和指导。我们要关注学生的兴趣和潜能，鼓励他们积极参与课堂活动和学习实践，培养他们的创造力和领导力，帮助他们发现自己的兴趣和梦想，并为之努力奋斗。

在《慧美语文——学段衔接读写共生之美》的后记中，我们不仅要回顾过去的努力和取得的成就，更要着眼于未来的挑战和发展。我们要持续推进教学创新和改进，不断探索更有效的教学方法和策略；我们要加强教材和教学资源的研发和更新，确保其与时代的接轨，并满足学生多样化的学习需求。

此外，我们要注重评估和反思，持续提升教学质量。通过有效的评估体系，我们能够了解学生的学习状况和成绩水平，及时调整教学策略和措施。同时，我们要积极开展教学反思和经验交流，不断总结教学中的成功经验和教训，以进一步提升教学质量和效果。

最重要的是，我们要坚持对语文教育的热爱和信念。语文是人类文明的瑰宝，是培养学生综合素养的重要手段。我们要始终怀着对语文教育的热忱，将其视为一项崇高的事业，为之奉献自己的才智和努力。只有持续地投入和追求卓越，我们才能够真正实现《慧美语文——学段衔接读写共生之美》专著的宏伟目标，培养出更多热爱语文、具有综合素养的杰出人才。

在《慧美语文——学段衔接读写共生之美》的后记中，我们要展望未来，勇敢面对挑战，坚定信心，持续努力。通过有核、有序、有新、有方、有趣、有用的教学理念，以及整合之美、细节之美、思辨之美、衔接之美和成长之美的指导，我们将为每一位学生创造更美好的语文学习体验，为他们的人生道路注入智慧与美丽。让我们一同努力，书写语文教育的辉煌篇章!